寻找虚拟地之旅游现象探究

——以云南香格里拉为例

高　波　编著

山东大学出版社
SHANDONG UNIVERSITY PRESS
·济南·

内容简介

本书基于想象地理学和后现代理论框架，考察游客寻找虚拟地的旅游现象，特别是针对旅游动机、期望、对目的地的感知、心理个性以及旅游体验，提出了四个主要的研究问题；基于建构主义范式，运用定性研究方法和扎根理论对数据进行分析，从而进行探索性的研究。

本书的研究结果为旅游目的地研究领域的学者们提供了后续研究的基础。例如，通过多案例研究，可以进一步验证游客寻找虚拟地的动机、感知和期望。此外，可采用定量方法来检验本书的研究结果，以及探究哪些性格特征会影响人们对虚拟地的选择。对于旅游规划和管理者而言，在深入了解这类游客的需求之后，可以有效地进行市场营销和设计，将某一地点打造成富有吸引力的目的地。

图书在版编目（CIP）数据

寻找虚拟地之旅游现象探究 ：以云南香格里拉为例 / 高波编著. -- 济南 ：山东大学出版社，2024. 11.
ISBN 978-7-5607-8479-3

Ⅰ. F590.82

中国国家版本馆 CIP 数据核字第 20244D0Y96 号

责任编辑　任雅航
封面设计　蓝海文化

寻找虚拟地之旅游现象探究——以云南香格里拉为例
XUNZHAO XUNIDI ZHI LÜYOU XIANXIANG TANJIU
——YI YUNNAN XIANGGELILA WEILI

出版发行　山东大学出版社
社　　址　山东省济南市山大南路 20 号
邮政编码　250100
发行热线　(0531)88363008
经　　销　新华书店
印　　刷　山东和平商务有限公司
规　　格　720 毫米×1000 毫米　1/16
　　　　　12.5 印张　4 插页　218 千字
版　　次　2024 年 11 月第 1 版
印　　次　2024 年 11 月第 1 次印刷
定　　价　58.00 元

作者于云南省迪庆藏族自治州德钦县雨崩村留影(一)

作者于云南省迪庆藏族自治州德钦县雨崩村留影(二)

云南省迪庆藏族自治州德钦县雨崩村景观

云南省香格里拉景区

前　言

香格里拉是由英国作家詹姆斯·希尔顿(James Hilton)在1933年出版的小说《消失的地平线》中创造的一个完全虚构的地方。尽管这个地方是完全虚构的,但香格里拉已经在西方文化中成为人间天堂的象征。以往的旅游目的地研究主要关注具体物理地点的游客行为。虽然很多研究已经描述了旅游目的地的神话化过程,但关于人们为何向往这些虚构之地的研究却很少。本书将这些旅游地点定义为"虚拟地"(phantasmal destinations),并以位于云南省境内的香格里拉为例进行说明。

本书的主要观点是:在一些特定游客心中,虚构的神话中的地方已转化成了真实的地点。在这一转化过程中,文学作品起到了传递和维系的作用。游客们通过文学作品或电影了解到这些虚构的地方,并被其吸引,希望在现实世界中发现类似的场所。这些虚构的地方通过文学作品或电影呈现出一定的现实感,进而对现实世界产生影响。在某些情况下,人们将神话故事直接视为真实事件;在其他情况下,神话化或虚幻之地转化为现实中的对应物。通常,这些虚构之地会通过某些"结构化"的场所(如景点)以公开或含蓄的方式展示出来。

本书从微观角度出发,基于想象地理学和后现代理论框架,考察游客在中国云南省香格里拉地区旅游的过程,特别是针对旅游动机、期望、对目的地的感知、心理个性以及旅游体验提出了四个主要研究问题。本书的研究采用了建构主义范式,运用定性研究方法及扎根理论对数据进行分析,从而进行探索性研究。

研究发现,媒体宣传激发了游客希望在现实生活中寻找理想之地的愿望。现实世界中各种不稳定因素和全球化的快速发展,促使一些人渴望逃离现实世界,寻求一种平静而简朴的生活方式。这些人希望在理想之地被永久性地改变和实现现代化之前,对其进行探索和体验。在描述对香格里拉的感受时,游客更关注非物质属性而不是物质属性,他们从以下四个方面对香格里拉之旅进行评价:神秘的香格里拉氛围、真实的香格里拉氛围、自然美景和社会实际情况。

在总体研究结果的基础上，笔者借助数据分析构建了一个理论模型，该模型阐述了游客在现实世界中寻找虚拟地的过程，这一过程以旅游动机、感知、期望和个人体验为核心要素。同时笔者确定了影响此寻找过程的关键要素，这些要素包括社会变迁、媒体影响力、口碑传播以及个人性格等。

本书第一个重要贡献在于探索并确定了一种新的旅游目的地类型，称之为“虚拟地”。这类旅游与电影旅游、文学旅游、文化旅游和朝圣旅游等传统分类有相似之处。然而，虚拟地的独特之处在于，无论神话源自何处——书籍、电影还是民间传说，潜在游客都将其视为真实存在的地方。因此，与其说虚拟地源自现代或历史，不如说是由潜在游客所创造的。

基于神话（故事或寓言）的目的地和景点的特点是：游客们明白他们访问的是可能发生过虚构故事的实际地点，并且不会混淆虚拟地与实际目的地。当他们在虚拟地旅游时，感觉神话被转化为现实，从而激发了对神话的重新想象。

本书的第二个贡献是发现了寻找虚拟地的游客具有共同的性格特征。虽然这一现象尚未被详细调查，但本书的研究结果为未来的探究提供了基础。若能够确定人格特征与旅行动机之间的相关性，那么将对旅游业的知识发展和创新管理实践具有重要推动作用。

本书的第三个贡献是回答了现实中的地点是否有可能满足那些寻求虚拟地体验的游客的期望的问题。研究表明，尽管实现这一目标具有可能性，但目的地管理者面临着重大挑战。这些挑战包括验证游客对于虚拟地的期望是否得到满足，因为一旦期望得到满足，游客将更有可能重游虚拟地。

此外，本书也发现，一旦目的地的虚幻属性得到确认，管理者可以利用这种属性进行有效的市场营销和设计，将某一地点塑造成令人向往的幻想之地。基于充分的研究而进行的设计和营销工作不仅能改善旅游目的地的规划和管理体系，而且可以在不盲目接受或拒绝当地传说的基础上，创造出富有吸引力的旅游目的地，这也可能吸引其他类型的游客前来旅游。

作者

2024 年 6 月

目　录

第1章 绪 论

本章梳理了云南香格里拉的旅游现象,并从后现代主义理论的视角出发,提出了虚拟地旅游的概念。基于此概念,本章进一步明确了研究的问题和目标。此外,本章还介绍了当前研究的空白领域,突出了本研究的创新之处,并讨论了本研究学术和实践上的意义。

1.1 研究背景

旅游作为一种社会现象,自第二次世界大战以来引起了人们越来越多的关注。它对社会的影响被认为与经济、社会学和环境有关,并有助于揭示文化之间的差异。据统计,全球旅游人数在第二次世界大战之后呈指数级增长,实现了麦克卢汉关于世界是一个"地球村"的预言。旅游作为一种国际化的社会活动,意味着不分析大多数国家的旅游业发展情况,就无法研究一个特定社会的旅游模式。世界各地和本地之间的动态关联在旅游目的地和文化景观的产生、重塑、身份认同和消费中起着举足轻重的作用。全球化趋势、时空连续性的压缩以及媒体关注度的提高已经改变了人们对城市和乡村景观的看法[1]。在这一背景下,一些研究人员开始研究当代旅游和酒店产品消费的性质,将其视为后现代趋势的一种反映。尽管一些学者认为后现代主义是一种难以捉摸的"时尚"思想,但另一些学者则认为,讨论后现代主义对旅游和酒店业消费和营销的影响能为旅游业的发展提供有价值的见解[2,3]。

在对后现代主义的解读中,文化旅游被视为一种符号或象征系统,这种符号或象征系统在时间和空间上都是特定的。Williams 指出,后现代营销的关键概念包括碎片化、不确定性以及对普遍话语的不信任。通过否定现代主义,后现代主义形成了一种新的、独特的文化运动，它重新定义了当代游客的体验方式和世界解释框架。在后现代话语中，超现实和意象构成了其核心要素[3]。

根据 Williams 的说法，超现实主义是后现代主义思潮中一个备受瞩目的方面，它引发了人们广泛的讨论与思考。他指出，超现实主义并非仅仅是一个概念，而是对当代社会现实的深刻反映。在这个观点下，个体对现实的解读各异，无法形成统一的认知。在这种背景下，由图像、幻象、模拟和仿制品构成的全新现实形态应运而生。这一形态是对原有现实的深度变形与重构，使得真实与虚幻之间的界限变得愈发模糊，人们越来越难以准确分辨两者之间的差异。关于对现实的争论，Crang 认为，人们会选择性地过滤对世界的感知，而现实则是基于个人的经验和过去从事的各种任务而不断塑造的。“相比较经过科学客观界定的真实世界，我们根据自己的经验感知到的实实在在的世界更值得信任。”[4]在旅游业中，后现代主义的解释表明：超现实主义的出现意味着模拟不仅代表现实，而且成为现实。

在后现代主义理论中，符号和图像变得比它们所代表的对象和思想更重要。后现代主义消费者关注的是对图像的个人解释，而不是这些图像的意义本身。这种以图像为中心的观念导致旅游消费方式和旅游模式发生了重大变化。传统上，消费者依靠广告和其他营销传播工具来评估产品。然而，在后现代主义理论的解释下，消费者的主观感受也成为评估标准的一部分[3]。Urry 将这种关注个人视角的现象称为“游客凝视”，这种现象催生了一种新的产品传播方式——“体验式营销”，这种营销方式的具体做法是提炼产品的精髓，并将其转化为一系列有形的、实际的、互动的体验，从而加强产品的吸引力[2]。

受日益复杂的因素的影响，游客在选择旅游目的地时变得更加挑剔，他们开始寻求新奇和独特的地点。同时，越来越多的地区发现了自身的旅游潜力。因此，在竞争激烈的旅游目的地市场环境中，众多目的地管理者正想尽办法吸引那些寻求新体验、日益感性的游客。这催生了目的地营销的新趋势，包括将创新理念应用于传统旅游地，以改变潜在游客的看法，新加坡和迪拜便成功运用了这种方法。游客不仅为实际的地理位置赋予意义，还将自己的想象力投射到虚构的地方，如“中土世界”（Middle Earth）和“乌托邦世界”（Utopian World）。这种趋势也影响了目的地管理者的营销策略，鼓励目的地管理者创造和推广与虚构世界相关联的独特体验。

案例之一是人们对形而上学旅游的兴趣日益增长。在这种类型的旅游中，有些游客参观某地并非出于对历史或地理的兴趣，而是基于他们对目的地历史的个人理解。例如，Shari Billger 带领旅游团在埃及吉萨的一处圣地进行冥想。在这个特殊案例中，游客认为，当古老的、可能是神话般的亚特兰蒂斯文明在一万多年前衰落时，古人的智慧被放置在大金字塔的遗址中。这些游客的动机是获取这种智慧，从而造福人类。

上述案例并不是孤立的，越来越多的游客（如来自发达国家富裕且受过教育的中年人）正在参加这种旅游，这种旅游具有丰富多样的形式。例如，香格里拉这一概念源自詹姆斯·希尔顿的小说《消失的地平线》，在其中他想象了一个乌托邦式的地方。自从云南省的中甸县改名为香格里拉之后，便吸引了大量来自世界各地的游客，他们好奇这个虚构之地在现实世界中的模样，以及香格里拉的居民是否真的异常长寿并守护着丰富的历史知识。旅游目的地香格里拉的成功，很大程度上得益于这次名称的变更。

1.2 香格里拉旅游现象

笔者在一篇报道中了解到，香格里拉作为神话中人间天堂的灵感来源，正面临着因大批游客涌入而可能变成“失乐园”的风险[5]。这则报道激发了笔者探索人们为何要在现实世界中寻找虚幻之地的兴趣：他们是如何感知这些虚拟地的，又是基于什么来感知的，以及他们是如何确定这个虚拟地的具体地点的。在回顾以往研究以寻找可能的答案之前，有必要简要介绍一下香格里拉神话及将其作为旅游目的地的宣传推广内容。

1.2.1 香格里拉神话

英国作家詹姆斯·希尔顿在其小说《消失的地平线》中虚构了香格里拉这一地方。该小说于 1933 年出版，并于 1973 年被改编成了电影。故事起始于四名西方人乘轻型飞机从某国巴司库市撤离的场景，但不久他们便发现自己被一名陌生人绑架，随后被带到了喜马拉雅山脉。他们的飞机在西藏的一个偏远角落坠毁，飞行员当场身亡。幸运的是，他们被一位路过的喇嘛及其随从救出，并被带到了神秘的蓝月谷,这里也被称为香格里拉。在那里,他们被安置在香格里拉的喇嘛庙里。随着情节的展开可得知,香格里拉不仅是世界文化的汇聚地,还居住着数千名以藏族群众为主的居民,这些居民虽然信仰和习俗有所差异,但彼此之间团结友爱,共享幸福安康的生活。香格里拉被誉为人间天堂,不仅让人们体验到现代文明的发展成果,还是一个逃离压力的"避难所"。居民在其中享有宁静祥和的环境,且普遍长寿。尽管香格里拉的居民希望这四位西方人造访后能永久留下,但其中一人却坚持离开。在他的请求下小说中的主人公康威同这位持不同意见者一同离开山谷。然而,在途中,康威因意外情况失去了记忆。

詹姆斯·希尔顿在两次世界大战之间撰写了《消失的地平线》,小说之所以成功,很大程度上是因为当时人们在失去希望时对人间天堂的强烈渴望。正如Hutt所说:"希尔顿的故事最能够反映出作者对西方文明以及整个人类状况缺陷的深刻反思。"[6]九十多年过去了,无论是小说本身还是后来根据其情节改编的电影,它们的持续流行都体现在"香格里拉"一词的广泛传播上。香格里拉神话探讨了一个关键主题:地球上是否存在和平之地?乌托邦式的理想真的能够实现吗?如果可能,又该如何实现呢?希尔顿笔下喜马拉雅山脉中的绿洲不仅成为人们词汇的一部分,且已经成为乌托邦代名词的象征[7]。

1.2.2 中国云南香格里拉之旅

尽管香格里拉的名称是虚构的,但它已经成为西方文化中人间天堂的代名词。这个名字是一个在已知语言中无意义的发明词,后被收录进英语字典中,《柯林斯英语词典》将其定义为"遥远的或想象中的乌托邦"。如此天堂般的地方激发了全世界读者的想象力,但这样的乐土是否真实存在,还是仅仅属于幻想?尽管有人认为它或许是一个真实存在的地方,但希尔顿却声称他的读者在任何地图上都找不到香格里拉。然而,中国云南省政府则宣称他们已经找到了香格里拉,其位于云南境内。

迪庆藏族自治州首府中甸县在2001年12月经县政府和国务院批准更名为香格里拉县[8]。这一决定基于自20世纪90年代中期起,专家们对虚构的香格里拉位置的研究。他们通过对比记录和实地考察得出结论,认为"真正的香格里拉”位于迪庆，该地区有澜沧江和金沙江自北向南贯穿全境。此外，他们发现1944年一架美国运输机在中甸坠毁。尽管存在时间上的矛盾——小说出版于1933年，且作者从未到过中国，而是依据《国家地理》杂志上一位摄影师的作品来描述他的人间天堂——但“香格里拉”的“发现”及其有效推广有利于当地旅游业的发展。更名后的第一年内，入境外国游客数量从更名前的8.4万多人增加至13万多人。但需要研究的是，吸引这些游客的是香格里拉神话，还是当地政府对这个地方的宣传，或者两者皆有。

1.2.3 寻找虚拟地现象

游客们知道香格里拉是一个虚构的地方，但听说香格里拉在中国云南省内后，仍然被这个名字所吸引而去寻找。如果认为寻找香格里拉仅仅是一个偶然的案例，那就错了，类似的案例还有游客被美国新墨西哥州罗斯威尔的“UFO城”或新西兰的“中土世界”所吸引。UFO城基于大众对外星人是否存在的讨论，宣称外星人曾经到访过这个城市，并以此为主题建立了相关的旅游景点。中土世界是基于电影《指环王》的拍摄地而打造的旅游景点。除此之外，陶渊明笔下的桃花源也被多处的旅游规划部门利用，打造出多个桃花源景区。所有这些地方都是虚构的、不真实的，但当地旅游规划部门公开或含蓄地利用这些神话或文学故事，构建旅游景点，并宣称这些地方在现实世界中被找到了，从而吸引那些对这类旅游目的地感兴趣的游客。例如，有些游客会到访每个桃花源，然后评论到底哪一个是他们心中真正的桃花源。这便要求人们去探究何为真实，何为虚幻。

有研究人员指出，在一些看似真实无比的事件和景点背后，实际上隐藏着经过精心策划的内容，而并非完全基于事实或真实的历史，这样做的目的是迎合游客的期待和满足他们的需求[9,10]。旅游景点作为展示历史文化遗产和自然遗产等的窗口，反映了地区或文化的背景和特色。然而，受到旅游产业的推动，这些景点有时会以不完全真实的方式呈现出来，主要是基于规划者和游客的需求。这引发了一个问题：如果所谓的“遗产”与任何有记载的历史无关，而是基于虚构的，并且只有少数人将其视为“真理”，那么它在社会和文化层面将面临许多挑战和限制。尽管如此，它仍可能在特定社群中具有某种意义和价值。

每位游客在选择旅游目的地时，都是基于其独特的兴趣和期望的，这些通常源自个人的文化背景、生活经历和兴趣爱好。不同的目的地吸引不同的游客，例如，历史爱好者可能更青睐那些具有丰富历史和文化的城市，而自然爱好者则偏爱风景秀丽、生态多样的自然景区。游客选择目的地时往往出于放松身心、增长知识、体验新文化或寻求冒险等目的，他们期待能体验当地的风土人情、文化活动和美食。当这些期望得到满足时，游客通常会感到愉悦。然而，有时由于天气、交通或安全等原因，原定的旅游目的地可能变得不合适，这时，游客需要调整计划，选择新的目的地。这样的调整并不意味着旅游体验的质量降低，因为每个目的地都有其独特魅力。只要游客保持开放态度，积极探索和体验，同样能获得满意的旅游体验。

对于寻找虚拟地的游客而言，他们必须亲自访问这些地方才能满足自身需求。这些目的地以其奇幻景观、神秘文化和悠久历史著称。Greider 和 Garkovich 指出，这类目的地具有不可替代性，能为游客提供独特维度的体验。虽然只有少数游客寻求这种体验，但他们的期望、情感和文化价值会赋予目的地以主观意义，并在社会层面上逐渐构建和固化，形成共享的景观[11]。这种社会建构过程是一种文化现象。游客通过行为和解释为这些目的地赋予了新的意义和价值，进而影响更多人的认知和理解。这种互动和塑造过程不断循环，最终形成了人们广泛认可的景象。同时，这种景象反映了当代社会的文化需求和价值取向，可能代表人们对未知、神秘或超凡体验的追求，或是对现实世界的逃避或批判。因此，我们需要从多角度审视虚幻旅游的现象和后果，并寻找在保护和发展虚拟地之间的平衡。

人类给自然和环境赋予了非自然存在的意义，这是一种文化的创造。这是因为人们不仅观察和感知环境，而且还对其进行解释和评价。环境的定义和形式来源于具体的愿景，并通过独特的价值观和信仰进行过滤。因此，景观在这个过程中成为象征性的环境，它反映了人们深植于文化的自我定义。这种象征性的环境不仅影响人们对自然的态度和行为，而且还塑造了人们的社会和政治关系。虚拟地是一种特殊的旅游景点，它们不基于真实的历史或地理，而是基于人们对某些神话或文化符号的想象和创造。这些景点通常利用自然环境的元素，并加上人工的装饰和技术，来营造一种超越现实的氛围。虚拟地的吸引力在于它们能够满足游客对异域和冒险的渴望，同时也能让游客在其中找到自己的身份和归属感。

物理空间是一个可以容纳多种景观的场所，这些景观反映了不同的文化视角和价值观。人们通过对自然元素赋予特定的符号和意义，将其转化为具有文化内涵的景观。这些符号和意义不是随意的，而是来源于人们所属的社会文化背景，揭示了人们对自然和社会的理解和态度，体现了社会结构的特点[12]。自然不是一个固定不变的实体，而是随着人类活动和思想而不断变化的。不同的文化背景使人们形成了不同的自然观，这影响了他们利用和保护自然资源的方式。

1.3 研究问题与目标

本书旨在探讨游客如何构建对虚幻目的地的认知，探究虚幻目的地如何与现实生活世界相互作用。从微观视角出发，以想象地理学（imaginative geography）和后现代理论框架（postmodern theoretical framework）为理论基础，关注游客对无历史依据的神话传说景点的认知、体验、需求和期待。以香格里拉为例，观察了到访游客的行为，并进行了深度访谈。借助扎根理论，探究了游客对虚幻目的地认知的社会构建过程。此外，评估此类景点对特定游客群体的吸引力，并就其在旅游市场中的发展提出建议。

本书所研究的问题包括如下几点：首先，关注游客对这些神话传说景点的认知。游客是否相信这些神话传说？他们如何看待景点的虚构性质？这种虚构性是否增加了景点的神秘感和吸引力？通过访谈或观察等方法，可以了解游客对这些景点的初步印象和态度。其次，深入探索游客在游览这些景点时的体验。他们是否感到兴奋、好奇或失望？景点是如何通过设计、布局和讲解等方式来展现神话传说的？这些元素是否有效地吸引了游客的注意力并提升了他们的体验？通过现场观察、游客反馈和体验报告，可以揭示游客在景点中的实际感受。此外，本书还将关注游客对这些景点的需求和期望。他们希望从景点中获得什么？是寻求刺激和冒险，还是渴望了解更多的文化和传统？景点是否提供了满足这些需求的设施和活动？通过了解游客的需求和期望，可以评估景点是否成功地吸引了目标游客群体，并提供了他们所期望的体验。最后，本书将综合分析结果，探讨这些没有历史依据的神话传说景点在旅游市场上的潜力和前景。它们是否能够满足游客的多样化需求？在竞争激烈的旅游市场中，这些景点如何定位和实现差异化？研究结果可以为旅游规划者和开发者提供有价值的参考，帮助他们更好地理解和把握游客的喜好和需求，从而开发出更具吸引力的旅游产品。本书认为，这些虚拟地不是一个固定的、客观的或单一的地点，而是一个由游客在特定情境下创造和赋予意义的想象空间，具有开放性和多样性。

本书的研究目标包括：首先，虚拟地往往基于神话、传说或纯粹的想象构建。这些地方可能缺乏实际存在的历史背景或地理位置，但它们通过文学、影视、艺术等多种方式呈现给公众，并在人们心中产生深远的影响。本书将深入探索虚拟地在人们心目中的形象和意义，以及它们怎样影响人们的认知和情感。其次，本书将考察虚拟地与现实生活世界的相互作用，包括人们如何将虚构的景点融入日常生活，例如通过旅游、角色扮演、虚拟现实体验等方式来感受这些目的地。同时，也将考察虚拟地对现实社会、文化和社会成员心理层面的影响，比如它们是怎样影响人们的价值观、行为模式和心理状态的。此外，还将考察不同文化和社会背景下的人们对虚拟地的理解与接受程度。不同文化和社会背景的人可能对同一虚拟地产生不同的解读和体验，这些差异将为我们理解人类文化的多样性和复杂性提供见解。最后，采用定性研究方法，通过收集和分析大量数据，揭示这种相互作用背后的机制和影响因素，为我们理解人类文化和社会现象提供新的视角和启示。

1.4 研究空白与创新

在旅游目的地的相关研究中，过去的重点主要放在特定的物理地点，如国家、城市和乡村，深入探究游客在这些地方的行为模式、动机、感知以及体验。这种研究为我们理解传统旅游模式提供了丰富的视角和深入的见解。随着时代的变迁和旅游业的发展，目的地营销的策略也在创新和演进。近年来，出于特殊兴趣的旅游逐渐崭露头角，这也成为目的地营销的一种新尝试。特殊兴趣旅游的核心在于旅行者的动机和决策不再仅基于物理地点，而是更多受特定兴趣、爱好或追求的影响。这种旅游模式强调活动、兴趣及与这些活动、兴趣相契合的目的地和场景[13]。例如,文学作品和电影目的地作为一种新的文化景观形式,使得与著名作家或电影有关的地方在现实世界中有了明确的落脚点,游客往往能在这种地方感受到强烈的情感共鸣。他们可能是因为喜爱某位作家的作品或崇拜某位演员的表演,而选择前往这些地方。在这里,他们可以通过参观作家的故居、墓地或游览电影拍摄地,更深入地了解作家或演员的生活与创作背景,感受跨越时空的文化交流,例如,英国的哈利·波特主题公园或新西兰的霍比特人村。遗产和宗教朝圣目的地是那些具有历史、文化或精神意义的地方,通常拥有悠久的历史和深厚的文化底蕴,是前人智慧的结晶和传承。宗教朝圣目的地则与主流宗教紧密相关,通常被认为是神灵的居所或圣地,吸引着大量信徒和游客来朝拜和祈祷,例如,埃及的金字塔、印度的泰姬陵。主题公园则是基于虚构故事或角色创建的地方,通过精心设计和建造,为游客们提供了一个充满幻想、乐趣和刺激的旅游环境,例如,美国的迪士尼乐园或日本的东京迪士尼海洋[14]。然而,在回顾有关特殊兴趣旅游的研究时,我们发现,虽然有对物理地点和主题公园的研究,但对虚幻目的地的深入分析和理解却相对缺乏[15,16]。

正如Barber所述,宗教游客区别于其他游客的本质在于他们因宗教原因而旅行[17],他们向圣地朝圣,追求精神目的和内在理解。这类旅行不只是身体的迁移,还是心灵的转变。宗教游客通常对所访问地点怀有深厚的感情和信仰,并希望通过旅行来增强自己的宗教感和归属感。他们更倾向于尊重当地的习俗与规则,并将旅行视为一种虔诚和敬畏的行为,而非纯粹的娱乐或消遣。而主题公园作为一种独特的旅游产品,它不是由个人的认知构建而成的,而是由企业精心打造的虚拟世界,旨在为游客提供独一无二的消费体验[18,19]。

小说中的香格里拉是一个神秘而美丽的地方,它使人们向往并激起了许多人心中强烈的探索欲。然而,香格里拉并非真实存在的,而是一种文化构想,一种体现了人类对理想世界的向往和幻想的象征。这样的文化想象是如何形成的?它又是如何影响游客对目的地的认知与体验的呢?这些问题在以往的研究中并未获得充分的关注。大多数研究仅从文学或营销的视角分析了香格里拉神话的构建,却忽视了游客在这一过程中扮演的角色及其意义。目前关于特殊兴趣旅游的研究揭示了游客对文学目的地的感知与文学作品、电影背景及历史记录之间的紧密联系,这些发现为我们深入理解特殊兴趣旅游提供了宝贵的经验。

Ryan 等学者指出，游客对文学目的地的感知往往受到文学作品或电影背景的影响[20]。这些作品通过生动的描绘和叙述，构建了一个充满想象和情感的虚拟世界。游客在实地参观这些文学目的地时，会根据已有的文学作品或电影印象来对这些目的地进行感知和评价。因此，文学作品和电影背景在塑造游客对文学目的地的认知和期待方面发挥着重要作用。同时，Poria 等人的研究强调了历史记录对游客感知的重要性[21]。对于那些拥有悠久历史和丰富文化遗产的文学目的地，游客常通过了解当地的历史来加深对此地的理解和感受。历史记录不仅为游客提供了丰富的背景信息，还帮助他们与目的地建立情感联系，从而增强了旅游体验。

在影视旅游领域，游客因渴望亲眼见到屏幕上熟悉的场景而专程参观电影拍摄地[22]。主题公园作为一种特殊的娱乐场所，它们创造出一个与现实世界不同的虚构世界，以满足游客的好奇心和想象力。主题公园通常围绕一个或多个特定主题设计，如历史、文化、科幻、动漫等，具有各种景点、游乐设施并提供表演和餐饮服务，其空间布局经过有意规划，旨在营造沉浸式氛围，让游客感觉自己置身于一个完整故事之中。主题公园的目标是为游客提供一段奇幻旅程，让他们暂时忘却日常生活中的烦恼和压力，获得一次难忘的体验。

文学作品中创造的难以在现实生活中定位的地方，展现了一种特殊的想象力。这些地方往往融合了作者的创意、情感和对世界的理解，它们可能源于现实中的某个地方，经过作者的艺术加工和变形，进而成为独特的文学产物。这些地方常拥有独特的风景、文化背景、历史故事或神话传说，让读者沉浸在一个与现实世界不同的世界中。然而，目前对这些地方的研究相对较少，文学中创造的地方既是虚构的产物，又与现实世界相互作用，因此需要一种综合的方法来理解它们。本书旨在探讨文学作品中创造的地方的特点和功能，以及如何在地理空间中进行识别和分析。目前对虚拟地的研究主要集中在一些特定的类型上，例如，把虚拟地分为文学作品中的目的地和电影中的目的地。“中土世界”作为托尔金笔下的奇幻世界，在《指环王》电影三部曲中得到了生动的呈现，引发了广泛的学术研究和公众关注。这些研究不仅聚焦于虚拟地在文学作品、电影和主题公园里的呈现形式，还探究了它们对观众、游客以及文化传播产生的影响。通过对这些虚拟地的构建方法、叙事手法和文化内涵进行深入分析，研究者能够更好地理解它们在现代社会中的价值和意义。尽管这些研究为我们提供了丰富的视角和见解，但关于虚拟地的研究仍然有很多值得探索的领域。例如，我们可以进一步研究虚拟地与现实地方之间的互动联系，以及它们如何共同塑造我们的文化认同和旅游体验。此外，随着虚拟现实和增强现实等技术的发展，虚拟地的表现形式和传播方式也在不断变化，这为未来的研究提供了新的机遇和挑战。

本书将深度探究以这种类型为主的旅游目的地，将其命名为"虚拟地"。本书的核心论点在于揭示了一种特殊的旅游动机和行为模式。当游客深信虚构地点(如"中土世界"或"圣诞老人村")真实存在，并付诸行动去探寻这些地方时，就不能将他们简单地归类为传统的电影或主题公园游客。这类游客出游的动机并非仅仅是娱乐或休闲，而是出于对某种特殊、神秘或梦幻之地的深切向往和追求。对于将香格里拉视为现实中存在的人间天堂的游客而言，这种动机尤为明显。他们旅行的目的不只是欣赏自然风光或体验当地文化，更是追寻心中向往和憧憬的理想之地。这种特殊的旅游动机和体验需求，使得他们在旅游行为上呈现出与众不同的特点。因此，本书认为，这些游客正在寻找的是能够满足他们独特兴趣的特殊类型的地方。这些兴趣可能包括对神秘文化的热爱、对梦幻般生活的向往或者是对某种精神寄托的追求。正是这些特殊兴趣，驱动他们踏上寻梦之旅。

对于这些特殊的游客而言，虚构的故事转化成了他们的真实记忆。在这个过程中，文学作品或电影起到了传播信息的作用。通过文学作品或电影，游客们得以认识并迷恋上那些虚构的地方，进而渴望在现实世界中探索它们。这些地方在电影或书籍中被塑造得栩栩如生，同时也对现实世界产生影响。故事有时变成了历史，而虚构或幻想的地方则变为真实的存在。通常，这些幻想之地会通过某些"标志性"的建筑或景区成为遗迹。在本书中，我们将这类虚幻旅游目的地定义为根植于物理空间的想象场所。这些想象场所反映了一个复杂意识形态的重要方面。在旅游背景下，游客通过在心中构建和重塑景观，将所在地转变为"旅游目的地"。Tzanelli 指出，在城市环境中，人们对人造物品的错误识别反映了发达国家消费者与现代生活方式之间存在的"自我失落"问题[22]。她认为，这种现象源自人们对身份和社会关系感到不确定。她提倡通过重新创造城市景观，使人们找回属于自己的感觉。

1.5 研究内容与意义

本书共分为9章。第1章介绍了研究背景,并讨论了研究问题和目的,以及该研究在理论与实践上的重要贡献。第2章和第3章分别概述了虚拟地旅游的基础理论、旅游动机、目的地感知、游客性格特征及游客体验等。第4章详细介绍了探索虚拟地旅游现象所采用的研究方法,包括所使用的扎根理论的基本原理、数据收集与分析方法,并分析了定性研究的可靠性问题。第5章至第8章描述了本研究的主要成果,包括寻找虚拟地的动机、对虚拟地的感知意象与期望、虚拟地体验,以及寻找虚拟地游客的心理特征及虚拟地旅游现象的理论框架,并进行了讨论。第9章总结了研究成果,阐述了研究的意义和局限性,并为未来研究提出了建议。

本书以中国云南省的香格里拉旅游现象为背景,从游客的视角探讨了虚拟地的创造及其所蕴含的意义,揭示了想象与目的地营销如何将想象具体化之间的联系,为虚拟地的研究提供了一个新的视角。在旅游学和目的地营销研究领域,虚拟地常常被忽略,因为它们不存在于现实世界,只是人们心中的想象和憧憬。然而,正是这样的想象与憧憬成为吸引游客的强大动力。本书分析了香格里拉旅游业的历史发展,以及游客是如何通过参与各种旅游活动来体验和构建这些虚拟地的。本书认为虚拟地不仅是旅游产品,还是一种文化符号,反映了游客对理想生活和自我认同的追求。虚拟地的创造是一个主动的、富有创造性的、多元化且互动性强的过程,它受到目的地营销策略的影响,同时也受游客自身想象力和主观偏好的驱动。最后,本书讨论了虚拟地给旅游业及社会文化带来的影响与挑战。

本书中的研究对现有知识,特别是关于虚拟地与现实世界如何互动的部分,做出了重要贡献,同时也为旅游业的管理实践提供了有益的参考。

首先,本书探讨了游客在选择虚拟地时的动机,这对于理解其行为、提高营销效果至关重要。随着游客需求变得更加成熟和多样化,他们对旅游目的地的选择也变得更复杂和个人化。了解这些具体动机有助于相关人员更准确地满足游客需求,并为营销活动提供支持。

从目的地营销的角度来看,深入理解潜在游客的决策过程是制定有效策略的关键。分析游客选择虚拟地的原因可以帮助相关人员更好地了解他们的心理需求和期望,进而设计出更具吸引力的旅游产品和活动。此外,在社会心理学视角下,生活方式对旅行决策的影响是不可忽视的;游客的旅行动机通常与他们的价值观和心理需求相关联。深入研究这些因素有助于相关人员洞察游客内心,并提供更精确的营销建议。

在竞争激烈的旅游市场中,确定能赋予目的地独特优势的因素至关重要,这些因素可能包括历史中的神秘文化、虚构地点的独特魅力或人们对乌托邦的追求等。这些因素不仅吸引游客,而且难以被竞争对手复制,从而成为目的地的竞争优势。尽管关于旅游动机的研究众多,但大多数集中在一般吸引力上,对利基市场的具体属性关注不足。因此,人们需要进一步探究这些属性,以便全面理解游客的决策过程,并有效地支持目的地营销。

其次,历史上的图像研究主要集中在大众对实际目的地的感知上,而对虚拟目的地的感知研究则较少。这一趋势反映了图像研究在一定程度上忽略了游客心中那些充满梦幻与想象的旅游目的地。尽管这些目的地并非真实存在,但它们在游客心中却扮演着至关重要的角色。因此,本书以香格里拉地区为例,采用深度访谈的方法,深入探讨了游客对虚拟目的地的认知。香格里拉作为一个洋溢着神秘色彩和浪漫情怀的梦幻之地,往往寄托着游客心中对理想生活的向往。研究发现,游客对香格里拉的认知不局限于其迷人的自然风光和独特的藏族文化,更多的是追求一种宁静、和谐及纯净的生活状态。这种追求源自对现实生活的反思和逃避,游客希望通过旅游活动暂时摆脱现实的束缚,追寻内心的梦想。通过深入分析访谈内容,本书揭示了游客对虚拟地认知的几个特点:一是游客往往基于想象构建心目中的理想目的地,这些想法通常源自他们的生活经历、文化背景以及情感需求;二是游客对虚拟地的认知带有明显的主观性和情感性,他们会依据个人喜好和感受来评价目的地的魅力和价值;三是游客对虚拟地的认知也具有动态性和变化性,随着旅游体验的深入,他们的看法会相应地调整和发展。基于上述研究结果,本书为目的地规划者提供了重要的启示和建议。

最后,本书通过构建概念框架,深入探讨了由非历史性或物质性品质所创造的目的地感知属性与神话重要性之间的关系。这不仅有助于深化对该类游客的理解,同时也能为旅游目的地管理者提供实用的管理建议,助力旅游业的可持续发展。在旅游领域中，这些神秘属性和特征往往能够激发游客的强烈兴趣和探索欲望。然而，目前我们对此仍知之甚少。因此，本书旨在深挖这些层面，深化对该类游客群体的认识。通过分析诸如动机、感知和体验等核心元素，以及调查这些元素之间的相互关系，本书成功构建了一个解释特定类型目的地（即本研究中的“虚拟地”）游览过程的框架。此框架有助于揭示游客被这类目的地吸引的原因，同时可揭示游客在游览中的心理动态与体验。此外，此框架也能为旅游目的地管理者提供有益的参考。通过洞察游客的动机与期望，管理者可以更有针对性地制定营销策略和推广活动，吸引对此类目的地感兴趣的游客。深入了解游客的游览体验，也能帮助管理者优化旅游产品和服务，提升游客的满意度和忠诚度。

本书中的研究结果为旅游产品的消费者决策机制提供了更深入的见解，同时也为旅游规划者和决策者提供了宝贵的参考。对于地理和心理上较为偏远的地区，本书中的研究结果更具实践意义。本书中的研究通过实证数据与深入的分析，为旅游规划者提供了有力的证据，证明了结合本研究的方法和发现，旅游规划者可以制定出更加科学、合理的旅游政策，从而更好地满足游客的需求，推动旅游业的持续发展。考虑到本研究提供的证据具有高度的可操作性和实用性，笔者希望这些成果能被地方相关人员评估，并转化为具体的政策措施，这将有助于缩小理论与实践之间的差距，使研究成果更好地服务于旅游业的实践发展。

第 2 章 虚拟地旅游的理论概述

第 1 章提出了虚拟地旅游这一现象，该现象源于游客对心中向往之地的追求。基于虚构地理学和后现代主义理论，本章将深入探讨这一概念。作为人文地理学新兴的空间观念，这些理论为人们提供了解读旅游行为的全新视角。

2.1 虚拟地旅游的定义

幻想是一种心理现象，指的是人们在意识中创造出与现实不符的形象或情境。幻想可以是主动的，也可以是被动的。主动的幻想是人们为了满足自己的愿望、情感或需要而有意识地构建出虚拟世界。被动的幻想则是人们在受到外界刺激或压力时，无意识地产生一种心理逃避或自我保护的机制。幻想有利于发挥想象力，丰富内心世界，调节情绪，增强创造力[23,24]。基于这种解读，虚拟地被定义为嵌入物理空间的想象场所。这些想象场所并非真实存在，却在人们的思维中占据了重要位置，成为复杂信仰体系的一个核心组成部分。这些虚拟地对于维持整个信仰体系至关重要，它们的存在是信仰得以延续的基础。值得注意的是，这种信仰体系并不隶属于任何主流宗教[25]，它可能源于个人的独特经历、文化背景或是某种特定的情感需求。虚拟地的存在形式多种多样，可能是一个神秘的岛屿、一个遥远的国度，或者是一个充满奇幻色彩的森林。这些地方在人们的想象中拥有独特的风景、文化和历史，吸引着人们去探寻、去体验。例如，有些人认为“中土世界”是一个真实存在的地方，这个地方在地理上与现实世界相对应，但也拥有自己的历史、文化和神话。对于这些人来说，这种理解既是一种摆脱现实的方式，也是一种表达自身价值观和理想的方式。

在旅游的背景下，游客通过对象征性消费景观进行心理设计和重新想象，将地理位置变成“目的地”。这一过程涉及景观的符号化、情感化和神话化，以及对游客自身身份和经验的构建。象征性消费景观不仅是物质的消费，也是文化的消费，反映了游客的价值观、审美观和意识形态。游客通过对景观的选择、欣赏和评价，表达了他们对自己以及他们所属社会群体的认同感和归属感。Urry 在对旅游现象的综合分析中指出，与旅游紧密相关的核心在于其视觉层面[2]。这一观点强调了游客的凝视行为在旅游体验中的核心地位。凝视作为一种观察方式，不仅涉及对风景或城镇景观的单独或集体观察，而且可使游客获得对这些观察对象独特性的感知，它们与游客的日常体验形成了鲜明对比。游客凝视的内涵不仅是视觉上的观赏，更是一种对陌生、新奇环境的探索和感知过程。游客通过凝视，捕捉远方的风景、城镇的轮廓、街头的细节等，进而在内心构建起对旅游目的地的独特印象。这一过程既是对外部世界的认知，也是对内心世界的触动与反思[26]。

从这一独特的视角出发，虚拟地呈现为一个充满魅力的多维空间。它不仅仅是一个具有幻境属性的地方，更融合了自然、社会和历史等多重属性，形成了一个跨越现实与幻想的阈限空间。这种虚幻的目的地在物理层面上可能并不真实存在，但在精神层面上却是鲜活和真实的。它存在于人们的精神世界中，犹如一处隐秘的避风港，为人们提供了逃避现实、追寻梦想的场所。同时，它也透过绘画、书籍、电影和照片被生动地呈现出来，使得人们可以通过这些媒介去探寻那个迷人世界。对那些深信其神话特质的游客而言，虚拟地更是一个神圣的地方。它可能代表着某种信仰、希望或追求，使虚拟地成为他们心中的圣地。在这里，他们可以寻找到内心的平静和安宁，感受到一种超越现实的神秘力量。同时，虚拟地也是他们个人心灵的伊甸园，是他们放飞自我、追寻真实的乐园。因此，虚拟地不仅仅是一个地理概念，更是一个文化、心理和精神的象征，它代表着人们对未知世界的向往和探索，对美好生活的追求。通过理解和体验虚拟地，人们可以更深入地探索其内心世界和文化传统，感受旅游活动的独特魅力和价值。

Tuan 指出神话属性涉及一个复杂且模糊的知识领域，它围绕着人们经验所及与世界观的空间组成部分，为人们提供了理解与解释世界的方式[25]。这种属性并非固定不变的，而是随着文化、历史和社会的变迁而不断演变的，同时，也反映了人们对实际活动的本地化价值观的理解。人们往往基于逃避现实的强烈渴望，在有限知识的基础上构建自己的幻想世界。这种幻想世界成为一种心理避风港，帮助人们暂时逃离日常生活的压力和束缚。同时，这种逃避也反映了人们对未知和不确定性的恐惧，以及对现实的不满和失望。与此相关的一个现象是，人们会无意识地在自己的实际行动周围创造一个神话空间，这个神话空间不仅是对现实的装饰和美化，更是对人们行为和价值观的肯定和强化。它为人们提供了一种认识和解释世界的框架，使得人们的行为和决策有了更为坚实的依据和支撑。这种神话空间的创造对于人们来说是至关重要的，它为人们提供了一种对生活的期望和追求，激励人们不断前行和探索。

现代意识确实使人们对世界的认知发生了深刻转变，它混淆并模糊了人们原本对世界组成部分的固定分类。这种转变不是简单的颠覆或替代，而是一个更为复杂和动态的过程，标志着空间上的转换和重构[27]。在这个过程里，旧的、已建立的世界内部表征逐渐被拆除。这些表征包括长期以来的文化传统、社会规范、认知模式等，它们曾为人们提供了稳定的世界观和秩序感。然而，在现代意识的冲击下，这些旧的表征开始显得过时、局限，甚至阻碍了人们对世界的深入理解和探索。

同时，新的形式、过程和意义不断产生。这些新的元素可能源自科技的进步、文化的交融、社会的变革等多个方面，它们为人们提供了更加多样化和复杂化的认知工具。通过这些新的形式、过程和意义，人们能够更深入地探索世界的本质和规律，发现更多未知的领域和可能性。因此，这种由现代意识引领的空间转换实际上是一种分离与重构并存的过程，它涉及对旧世界表征的解构和拆除，也包括对新的形式、过程和意义的创造和建构。这种转变不仅改变了人们对世界的认知方式，也为人们提供了更加开放和多元的视角来看待自己和世界。

Terkenli 的研究为人们提供了一个独特的视角，用以理解现代意识如何影响人们对世界的认知与体验[1,28]。他讨论了“非世界化”(unworldment) 和“去世界化”(deworldment) 两种过程，这两种过程揭示了人们是如何逐渐与熟悉的世界分离，并构建新的内心表征。这些表征可能与实际地理位置及其独特性日益分离。非世界化是一个初步的过程，涉及对现有世界观的解构，以及创造虚构、不真实的景观。这些景观可能是基于想象、文化构造或技术生成的，为个体提供了逃离现实世界的途径，它们也开辟了个体拥有新的认知和体验方式的可能性。然而，随着非世界化过程的深入，它可能会演变为去世界化。去世界化更多地涉及内心表征与实际地理位置或其既定独特性的分离，这种分离可能导致人们对地方的感知变得模糊，地方的独特性和真实性可能被削弱，甚至被全新的规则所替代，这些规则可能与现有的空间概念相矛盾。

这些新型景观和规则的形成，不仅反映了现代意识的转变，也体现了人际交往的现代表现形式。通过电子通信等现代技术，这些梦幻般的景观得以迅速传播到世界各地，进一步促进了全球范围内的空间、时间和社会结构的变革。在旅游领域，这些变革的影响尤为显著。无论是从形式、功能还是象征意义的角度来分析，目的地的旅游活动水平都受到这些新型景观和规则传播的影响。当地居民和当地景观的重要程度也可能因此发生变化，因为游客的感知和期望可能受到全球传播的形象的影响。

另外，Crang 认为，旅游不只是一个消费的过程，更是推进社会历史发展的一个重要媒介[4]。这一理念深入揭露了旅游活动的多维性和复杂性，突出了旅游在社会演变中的关键作用。在旅行过程中，目的地的文化得到转化，这种互动不是单向的，而是游客与目的地之间的相互影响。游客将自己的文化、价值观和生活方式带入目的地，与当地文化、环境和资源互动，促成变革。同时，目的地也向外界展现和传播自己的文化特色，从而丰富了旅游文化的含义。在旅游活动中，构建神话般的王国尤为关键，这满足了人们对情感和想象的深切渴望，不仅刺激了游客的精神世界，也抚慰了游客的心灵。人们可以通过口头传说、书籍、电影和图片等方式了解信息并构想出一个奇幻而神秘的世界，并将其映射到现实世界的特定地点。这样的幻想与现实的结合使得旅游超越了简单的消费体验，成为一种深层的文化和心灵交流的过程。因此，幻想之地是先通过各种媒介构思出来，然后再在现实世界中找到与之相似的具体地点得以体现。

基于上述观点，本书将虚拟地理论视为一种独特的旅游活动形式，它存在于一个连续统的两极之间。这个连续统的一端是目的地的核心属性，包括那些被视为幻象的属性。这些幻象属性并非目的地本身固有的物理特征，而是附加到目的地之上的神话价值，它们源于人们的想象、传说和文化构造。这些幻象属性为目的地赋予了超越现实的魅力和神秘感，吸引着游客前来探寻和体验。在连续统的另一端则是目的地的真实属性，这些属性包括目的地的自然特征、社会和历史特征以及基础设施。这些真实属性是目的地客观存在的物质和文化基础，它们为游客提供了实际可感的旅游体验。对于游客来说，游览虚拟地的动机往往是对这两种属性共同的追求。他们既渴望体验目的地那神秘而迷人的幻象属性，又希望能够感受到目的地的真实物理和文化特征。这种对幻象与真实相结合的追求，构成了虚拟地旅游的核心吸引力。如果目的地的核心（幻象）属性成为主要的拉动因素，那么这个目的地就可以被称为虚拟地。在这种情况下，幻象属性在吸引游客方面起到了主导作用，而真实属性则起到补充和支持的作用。虚拟地通过巧妙地结合幻象和真实属性，为游客提供了一种独特深刻的旅游体验。

虚拟地旅行是一种基于对某些地方的想象或幻想而进行的旅游，它可以是虚构的，也可以是基于真实历史的[29]。虚拟地旅行者通常与他们的目的地有强烈的情感联系，并期望通过实地体验来增强或验证这些幻想[30]。虚拟地旅游可能与其他特殊兴趣旅游类别有所重叠，例如文学作品或电影旅游、主题公园和宗教旅游等，它涉及语言的力量。然而，虚拟地旅行的独特之处体现在游客对地点的感知和他们旅行的动机[13]。

文学作品和电影中的目的地，通常是作家或演员的故乡、居住地或创作地，或者是书籍或电影中的重要场景。游客往往怀揣着对书中或电影中描绘的场景的憧憬，希望实地探访时能够感受到那份与虚构世界相契合的真实感。他们不仅渴望欣赏到与作品相匹配的风景，更希望深入体验作家或演员所展现的生活方式，尽可能接近作者所描绘的生活环境。在这种情境下，真实性的感觉往往取决于目的地与书籍、电影中的场景之间的接近程度。这种接近程度不仅体现在物理景观的相似度上，更在于文化氛围、历史背景以及人文细节的契合度[31,32]。例如，许多人会去英国访问莎士比亚的出生地、故居和墓地，或者前往新西兰参观《指环王》系列电影的拍摄地点。

此外，以往的研究多关注文学作品和电影中描绘的实际地理地点，而对那些由文字和影像创造的想象地点的研究则相对较少。虚拟地作为一种特殊类型的旅游目的地，可能正植根于这些想象地点之中。虚拟地游客的不同之处在于，他们可能更多地基于个人的希望和想象来感知这些目的地。他们旅行的目的不仅仅是游览风景或了解文化，而是要证实自己的信仰，追寻内心深处的某种憧憬或愿景。这种旅游体验带有强烈的主观性和情感色彩，每个人心中的幻地都可能是独一无二的。此外，与朝圣游客相比，虚拟地游客的目的地通常不是主流的宗教场所或圣地。他们的旅行不是为了向神灵致敬或寻求精神上的慰藉，而是为了满足自己对想象世界的渴望和探索。这种显著的差异使得虚拟地旅行成为一种独特的文化现象，值得进一步深入研究和探讨。

虚拟地作为一种特殊的旅游目的地，其不同于传统主题公园的人造娱乐空间，后者提供预设的消费体验，而虚拟地则融合了文学作品、电影、宗教和自然环境元素，创造出一种幻想景观。虚拟地的魅力在于它并非完全是人工打造的，而是与自然环境紧密结合。游客在自然中探寻这种幻想之地，追求超越现实的体验，这种体验可能源自文学作品中的描述或电影场景的再现，让他们仿佛步入一个神秘而迷人的世界。同时，有的虚拟地也带有宗教旅游的特征，探访者往往怀着信仰或希望，寻求心灵的慰藉或实现愿望，虽然它不是传统的宗教圣地，但其神秘感和神圣感为游客提供了精神上的满足和升华。虚拟地结合了多种旅游形式的特点，同时保持了其独特性和吸引力。它不只是旅游景点，更是心灵探索和幻想的空间。虚拟地的出现为旅游业注入了新活力和创意，同时也为人们提供了一个研究人类旅游行为和心理的新视角。

综上所述，虚拟地源自文学作品、神话故事等具有丰富想象力的作品。它们经过读者的内心加工和再创造，被赋予了全新的意义与生命力。这种想象错位不仅是个体的心理现象，更是一种社会文化的产物。它随着历史的变迁和人群的互动而不断演化。正如 Varley 和 Crowther 指出的那样，现代企业家在满足消费者个性化审美需求方面面临着巨大的挑战[33]。虚拟地旅游项目开发者需要深入了解游客的心理需求，并创造性地为他们提供与虚幻目的地相契合的旅游体验。这不仅仅是对物理空间的改造，更是对文化氛围、故事情节、情感共鸣等多个层面的综合营造。人文地理学是研究人类与地理环境相互关系的学科，对于虚拟地旅行的研究，该学科具有得天独厚的优势。通过深入探讨虚拟地的形成机制、游客的感知与体验、旅游开发的社会文化影响等方面，人文地理学能够为虚拟地旅行的可持续发展提供有力的理论支持和实践指导。

2.2 虚拟地旅游的理论基础——人文地理学

人文地理学是研究人类与地理环境相互关系的学科，它探讨了人们如何通过社会、文化、政治和经济行为塑造并改变地理空间，以及这些空间如何影响人的行为、思想和感受[34]，主要研究领域包括地方感、空间流动性、文化景观和区域认同。人文地理学家采用多种方法和理论，分析语言、宗教、神话和叙事等文化元素在构建和表达某个地点与景观中的作用，以及人们如何在各种地理环境中互动和交流。通过深入研究这些文化元素，人文地理学家揭示了地点和景观背后的深层含义及其价值。每个地点和景观都拥有独特的历史、文化和社会背景，这些因素共同影响了人们对其的感知和理解。

此外，人文地理学还关注日常生活中的地理现象。人们每天都在与地理环境互动，这些互动不仅影响人们的生活方式，也塑造人们的身份认同。人们常通过地点来界定自己，而地点也反过来影响人们的身份。语言不仅是表达思想和情感的工具，也是理解和感知地理环境的重要媒介。宗教场所和景观通常承载着深厚的宗教意义和文化内涵，它们是信仰和精神生活的依托，也是文化和历史的见证。神话和叙事是人们理解和解释地理环境的工具，同时也是文化传承和创新的载体。

随着人类不断在自然之外创造新的空间，人文地理学的研究重点也逐渐发生转变。过去的研究集中于概念与所指物之间的联系，而现在则深入探讨主题如何被赋予意义。这一转变不仅反映了人文地理学的发展趋势，而且突显了人文地理学在揭示地理现象背后的文化、社会和心理因素方面的独特价值[35]。人文地理学是地理学的一个重要分支，它特别关注文化如何影响人们对地理环境的感知和理解。该学科探讨文化是如何给予地方特定的意义和象征，并研究这些意义和象征如何影响人们的行为和社会关系。在人文地理学的研究中，人的能动性占据了核心地位。人们不只是适应地理环境，还通过自己的行为、思想和想象，积极地塑造和改变着地理环境[36]。对地方的想象和解释反映了人类的文化认知和情感投射，这是人文地理学研究的一个关键内容。

在当今社会，随着科技的发展和全球化的推进，人类创造空间的能力不断增强，地理环境的面貌亦在不断变化。人文地理学通过关注地理意义和经验的研究，为人们提供了理解这些变化的重要工具。人们持续地借助语言和想象力，将想象的世界转化为具体的物质形态，从而改变和重塑环境。由此，世界成为一个充满生机与变化的地点综合体，每一处地点都在不断地被人类的各种活动所创造、改造和重塑[37,25]。语言是人们表达和理解世界的工具，它帮助人们将内心的想象转化为外在的物质形态。而想象力则是人们认知世界的基础之一,它使人们能够超越现实的局限,创造出丰富多彩的文化景观。人文地理学的人文主义视角强调了人的主观性和创造性,认为人类在地理环境的形成和演变中扮演着积极的角色。这一视角有助于人们深入理解人类与地理环境间的复杂联系,以及文化在这个过程中所起到的关键作用。

2.2.1 想象地理学

想象地理学作为人文地理学的一个分支,它深入探讨了个人的想象力与地理现实之间的微妙关系,以及如何共同创造和改造地点与景观。这一学科的研究不仅揭示了人类认知世界的独特方式,也为人们理解社会、文化和个人心理提供了新的视角[38,39]。在想象地理学中,人们心中世界的形象并非仅仅是客观现实的反映,而是深受人们自身经历、文化背景和价值观的影响。这些形象不仅代表了个人的想法,更是人们与社会、文化紧密相连的纽带。对一个地方的想象,往往反映了个体对未来的期望或对过去的记忆,体现了人类内心深处的心理需求。值得注意的是,个人的想象力并非孤立存在,而是与特定文化的价值观紧密相连。不同的文化背景下,人们对同一地点的想象和理解可能存在巨大差异。这种差异不仅体现在对地理景观的描述和解释上,更深入地影响了人们的行为方式、价值观念以及社会结构。根据 Caughey 的观点,人格不仅影响着个体如何根据自己的经历构建想象的场所,也与个体所处的社会环境和所扮演的社会角色有关[40]。Driver 也指出,我们对世界的感知是社会性的,因为"想象力既是个人的也是集体的"[41]。因此可以认为,想象力是一种社会心理现象,它既受到个体内在因素的影响,也受到外部社会文化因素的制约。尽管想象的地方在本质上可能是模糊的、非物质的,但人们却常常试图为这些想象的场景找到一个物理上的对应或表达。这种倾向源于人们的想象力与现实世界经验之间的紧密联系。人们的想象并非完全脱离现实的,而是基于人们的感知、记忆和经验进行的[42]。想象力还与人们对世界的认识和信仰有着密切的联系[25]。想象地理学强调,想象与现实之间的符号差异被人类主体不断地重构,并为特定的地方附加新的意义。这种意义的创造过程是一个动态的、持续的过程,它随着人们想象力的变化而变化[43,35]。因此,一个地点的意义并非固定不变的，而是由人类通过想象和解释不断塑造的。例如，地点和景观不仅仅是组织世界的空间类别，更是人类与自然环境互动、将地球视为“家园”并从自然中创造世界的一部分。这种创造过程不仅仅是物质上的，更是文化和精神上的。人们通过对地方的想象和解释，赋予它们特定的意义和价值，从而建立起与这些地方的深厚情感联系。

从这个角度来看，自然并非固定不变的客观实体，而是在人类的想象力影响下不断改变的[44]。这种理解方式强调了人类与自然之间的动态互动关系。同时，文化和社会因素在人们对自然世界的认知和理解中发挥了重要作用。自然景观作为“观察”世界的“方式”，其复杂性不容忽视。在这个过程中，“真实”和“想象”并不相互排斥，而是错综复杂地交织在一起。这种交织不仅体现在人们对自然景观的描述和解释中，更深刻地影响了人们对自然世界的态度和行为。例如，尼亚加拉大瀑布被想象为原始自然的化身，由于其偏远和难以到达，它成为遥远过去的代表。当发现尼亚加拉大瀑布的消息在 17 世纪后期首次被传到欧洲时，它被认为是神话的表现，并附加了天堂和地狱的含义。在 19 世纪后期，它被想象成死亡和未来的象征[45]。感知变化的符号具有诗意，它展示了人类想象力的广度和深度。人类不仅能够从自然世界中解读出意义，还能够将个人的梦想或想象与集体、地方和全球联系起来。更重要的是，人类能够利用语言的隐喻力量来发现和创造新的、意想不到的意义[46]。诗意的想象产生并分化出了诸如“神秘的东方”“天堂之岛”等文化概念。Cosgrove 进一步认为，所有人类文化都有起源神话，我们相应地塑造我们的神话[46]。

对想象地理学的研究使人们能够更深入地反思和认识人们对周围世界的自我认知。这种认知并非完全基于客观事实，也非空中楼阁，而是受到人们对地方和民族的想象、情感和价值观的深刻影响。尽管这些感知和理解可能不完全准确或客观，然而，正是这种基于非事实评估的想象力，人们对世界有了一定的认知，并影响了人们的行为[47,48]。此外，康德的哥白尼式革命改变了人们对现实的理解。在康德之前，现实通常被视为人们周围物质世界的直接反映，是一种客观存在的状态。然而，康德提出，现实并非直接呈现给人们，而是通过人们的认知结构和判断能力来被体验和理解的。这一观点颠覆了传统认识论，将人们的主观认知置于理解和解释现实的中心位置。康德将人们的认知能力分为三个部分，这些部分共同作用，使人们能够理解和体验现实。首先，人们通过感官经验来接受现象,这是人们对外部世界的初步感知。其次,人们运用概念来构建内外世界的关系,这涉及人们对感知的组织和分类,以形成对世界的理解和解释。最后,人们通过理性来理解并判断各种表象,这是人们对世界的深入反思和评估,涉及对价值和意义的判断[49]。想象不仅可以再现现实,而且能够赋予现实意义。通过想象,人们能够理解、解释和塑造其所处的世界,使世界变得有意义和可理解。然而,想象力在构建现实的同时也对其进行了限制。有些问题超出了人们日常想象力所及的范围,使得人们对现实的认知和理解存在局限。这种局限性让人们意识到,想象并非无所不能,而是受到人们自身认知结构、文化背景和社会环境的制约。在想象地理学的研究中,想象不仅仅是一种心理活动,更是一种社会实践,它涉及"我们的"空间与"他们的"空间之间的交融和互动。通过想象,人们能够进入他人的空间,理解他们的文化和经验,并且能够进一步在物质层面上占有那个空间,并将其视为"我们的"[50]。这种过程不仅丰富了人们的认知和理解,也促进了不同文化之间的交流和融合。

2.2.2 从想象地理学视角解读虚拟地

根据对相关文献的回顾,目前学术界尚未就目的地的明确地理定义和边界达成共识。这一现象揭示了旅游不仅仅是地理空间的概念,而且是一种复杂的社会文化现象,本质更为深远。旅游目的地的一个核心特征是其动态性,这表明它不只是一个静态区域,而是随着游客的流动、文化交流和象征性消费不断变化的空间。因此,目的地的边界变得模糊和流动,难以用传统方式界定。此外,旅游目的地往往承载着丰富的神话和梦想,这些既源于目的地自身的历史文化传统,也来自游客的期待与想象。旅游活动将这些神话和梦想镌刻在现实中,赋予目的地象征意义。从游客的视角看,目的地是一个不断被发明和再发明的空间,游客通过自己的感知、体验和解读,给予目的地新的意义和价值。同时,游客的消费行为也在塑造和改变目的地的面貌[51]。这种象征性消费是一种文化交流和认同的过程,加强了目的地与游客之间的联系。

目的地不是一个固定的地理概念,而是由市场营销塑造的故事,并且不是有明确边界的实体场所。它是一个多层次的空间,由各种过程和社会行动构成,其边界随游客流动和文化交流而变化。商业上,每个目的地都是景点、设施和服务的组合，这些元素构成目的地的物质基础，并根据市场需求及游客偏好不断调整。在社会学层面，目的地是可供游客互动体验的一系列“图像”的集合。这些图像可能包括自然风光、建筑风格、人文景观等，游客通过它们对目的地形成感知和认知。通过互动，目的地强化了其社会和文化意义。

尽管景点和设施是相对静态的，但目的地的整体形象和服务会根据游客需求的变化而变化。目的地不仅仅是由物理空间和实体所构成的，它们也具有文化、历史、政治和社会的意义。目的地是动态的[52]，目的地的有形物质性是其不可或缺的一部分，建筑物、纪念碑、餐馆、森林、桥梁等密集实体为游客提供了直接的感知和体验。这些实体不仅仅是静态的存在，它们更承载着历史、文化和社会的痕迹，成为游客解读和体验目的地的重要媒介。然而，目的地的魅力并不仅仅在于其物质性，它还具有更加抽象的特征，这些特征往往超越了具体的地理空间，成为游客心中的一种想象和向往。目的地被想象成一个动态的存在，这种动态性使得目的地能够在不同的文化和语境中穿梭，与各种“地方神话”和“想象地理”产生联系。目的地不是孤立的，而是与其他地点相互作用，形成复杂的关系网络，这些网络可以增强或削弱目的地的吸引力和人们对它的认同感[53,54]。通过人与人之间的交往、技术的连接以及物体和图像的流动，目的地得以跨越地理边界，与其他地点产生联系。这种联系不仅仅是物理上的，更是文化和心理上的，它使得目的地成为一个开放、多元且充满可能性的空间。

想象地理是一种具有创造性的过程，它不仅塑造了人们对世界的认识，还影响了人们在世界中的行为[41]。当人们旅行时，想象地理帮助游客在陌生的地方找到方向，识别出具有特殊意义的路标和“站点”。这些“站点”可能是著名的景点、具有历史意义的建筑，或者是与当地文化紧密相关的场所。通过将这些“站点”定位在个人的想象景观中，游客能够更好地理解和体验目的地的独特魅力[48]。想象地理不仅受到个人经验和文化背景的影响，也受到社会和文化环境的作用。媒体、旅游宣传、社交网络等都在不断地构建和强化人们对某个地方的想象，这些想象不仅塑造了人们对目的地的期望与兴趣，并影响了人们在旅行中的行为与体验[48,55]。想象的地理变得“真实”，不是因为它们反映了现实的世界，而是因为它们构建了人们感知与地方和人交流的方式[41]。游客在前往目的地前，通常会通过旅游指南、社交媒体、电影和电视等途径构建对该地的想象。当地居民通过游客的想象来理解并回应游客，这样的互动进一步塑造了当地的旅游文化和社会环境。

目的地通过有选择地书写和描绘自然环境和人类活动，构建出一个充满魅力和吸引力的“想象地理”。这种想象地理并非简单的虚构或幻想，而是经过精心策划和包装的产物，旨在吸引游客并满足他们的期望。书籍、营销传播材料、网页、博客、电子邮件和个人相册等媒介，在塑造和维持这种想象地理方面发挥了关键作用。这些媒介通过文字、图片等，将目的地的自然风光、历史文化和人文景观呈现给公众，它们不仅展示了目的地的美丽和魅力，还赋予了其独特的象征意义和文化内涵。同时，神话和其他的一些故事使得游客在前往目的地之前就已经对其产生了浓厚的兴趣和期待。然而，这种想象地理并非是一成不变的。随着时间的推移和游客需求的变化，核心图像可能会逐渐演变，甚至被新的图像所取代。一些曾经具有强烈象征意义的景点或活动，可能会因为失去其内涵力量而成为“死亡的隐喻”。同时，新的图像和符号也会被不断发明、传播并被普遍接受，从而进一步丰富和更新目的地的想象地理[56]。因此可以说，目的地的想象地理既具有稳定性又具有转移性。它的稳定性来自那些经久不衰的景点和符号，它们构成了目的地的核心形象和特色；而它的转移性则体现在不断变化的图像和符号中，它们反映了目的地的发展和游客需求的变化。这种矛盾和不确定性正是想象地理的魅力所在，它使每一个目的地都成为一个充满无限可能和惊喜的探索空间。然而，尽管各种媒介，如网站、书籍等，努力为访客呈现一个完整且吸引人的目的地形象，但访客先入为主的观念往往会影响他们对信息的接收和解读，这导致了沟通效果的不确定性和有限性。相反，想象地理学以为“真实”和“感知”世界之间存在微妙的区别。它质疑人们对现实世界的传统认知方式，认为人们所体验和理解的世界在很大程度上是由人们的想象和主观认知所塑造的[36]。例如，摄影作为一种媒介，并非仅是记录现有世界的工具，它同样是一种制造和解读世界的手段。通过摄影，人们可以选择性地呈现和强调某些元素，从而构建出一个符合人们期望和想象的世界。这些陈述并非孤立存在的，而是与特定的地点紧密相连。它们不仅描述了地点的特征和属性，更通过叙述的行为将地点与其他目的地联系起来。在这个过程中，空间不再是一个静态的背景，而是由各种事件和叙述所共同塑造的动态实体。

在某种意义上，所有地点都是想象的产物。这表明地点不仅仅是人们能用感官直接感知的客观存在，而且包括了人们的主观想象和认知。因而，地点是通过人们的想象和感知共同构建的[57]。想象既不纯粹是感官的，也不完全是智力的。这表示想象不只是对自然世界的直接反映或模仿，也不是完全脱离自然世界的抽象思维。实际上，想象是一种介于感官和智力之间的复杂过程，它通过捕捉感觉数据，并将这些转化为具有新意义的隐喻和象征。所以，想象的产物不是简单的感觉数据的再现，而是经过变形和重塑的新形象。

过去、现在和未来，这三个时间维度在人们的认知中并非孤立存在，而是由想象力这一纽带紧密相连。通过想象力，人们得以将过去的记忆和象征与未来的期望和愿景相结合，从而创造出对当下的独到理解。“想象乌托邦”的概念为人们提供了变革的动力，它鼓励人们摆脱传统束缚，探索新的可能，为改变世界提供源源不断的动力。在旅行中，这种动力激励着旅行者探索未知、挑战自我，并创造出独特的体验。旅行者不仅仅是到达一个物理目的地，更是在心中重塑了一个目的地。这一过程基于对神话和故事的主观解读，受个人欲望、需求和期望的驱动。因此，每一个旅行者所体验到的目的地都是独一无二的。虚拟地是这些因素的综合体现，它不仅仅是对地理环境的客观描述，更是融入了旅行者主观情感和期望的创造物。这样的地理是流动且多变的，随着旅行者的不同解读和体验而不断演变。

想象地理学在塑造人们对世界的感知和理解方面发挥着至关重要的作用，特别是在讨论虚拟地时，这一作用尤为明显。虚拟地不仅是物理空间，它们深深植根于个人对世界的感知中。这些虚拟地可能代表着对未来的热切渴望或对过去的温馨回忆。它们的形成是人类从自然中创造世界的动态过程的一个缩影[35]，这一过程涉及人们如何解读和重塑自然环境，以及如何在自然环境中寻找意义和价值。因此，对于虚拟地旅行现象的研究，使用定性方法显得尤为合适，这种方法允许研究者深入挖掘和理解个体的主观体验。通过与个体的直接沟通，人们能够获取关于他们的灵感、感知和个性的丰富数据。

2.2.3　现实的社会建构与神话创造

从人文地理学的视角探讨想象空间的现实性，为人们理解世界提供了独特的视角。与此同时，社会学家从社会建构主义的角度对空间的意义进行了研究，进一步丰富了人们对现实世界的认知。现实的社会建构理论强调，社会文化现象并非天然存在的，而是经由社会中人与社会活动的相互作用而产生和再生产的[12]。这一观点深刻地揭示了人类社会与自然环境之间的复杂关系，这意味着人们所感知的大部分现实及生活的社会世界均是社会建构的结果。这种建构过程不仅涉及个体对世界的理解和解释，还包括群体对共同经验的共享和协商。因此，个人、群体与地方的身份在社会和文化层面得以构建和维系。在某些情况下，这些身份甚至可以通过人类活动被修改和再创造。这种身份的可塑性和动态性体现了社会建构主义对现实世界的深刻理解。最终，人们对现实的所有建构反映了其思考能力。这种建构过程并非固定不变的，而是随着社会的变迁和人类认知的发展而不断变化。因此，人们可以说现实是可以改变的，而这种转变正是通过人类的社会互动和实践活动实现的。

社会建构主义的理论框架深刻揭示了旅游目的地的本质：它们并非单纯基于“自然”或“客观”的地理和物理属性，而是人类干预和社会文化构建的产物。这一观点挑战了传统的对旅游目的地的定义方式，强调了社会文化因素在目的地形成和塑造中的核心作用。旅游目的地的质量和吸引力往往取决于营销传播材料的精心策划和呈现，例如小册子和电视广告等材料通过语言和视觉元素构建并传达目的地的特定形象和意义。游客在选择目的地时，很大程度上受到这些营销材料的影响[58]。因此，除了通过语言赋予目的地意义外，地点本身可能并无实质性意义。对目的地进行命名、分类和赋予象征意义等操作不仅塑造了人们对地方的感知和理解，还影响了地方的社会和文化价值[59]。例如，一个原本普通的乡村可能因为被赋予了“田园风光”或“文化遗产”的标签而吸引了大量游客前来游览。

大众媒体在塑造和传递旅游目的地的形象方面发挥着至关重要的作用。它们通过精心挑选的影像和叙述，为一个地方赋予特殊的意义。有学者提出，热带岛屿被描绘成天堂般的地方，骆驼和阿拉伯人的形象被赋予神秘感，而大象或泰国本地人的形象则被赋予异国情调的特质[60]。这些都是媒体运用其强大的叙事和视觉呈现能力创造出的神话。目的地转化为充满魅力和吸引力的神话般存在的过程，是有意识地通过文学作品的叙述和媒体的视觉呈现完成的。文学作品经常描绘一些难以在现实世界中找到的虚构地方，这些地方往往被赋予了浓厚的神秘色彩和浪漫情调[61]。这些虚构地方不仅为读者提供了丰富的想象空间，也成为旅游业的宝贵资源。通过将这些虚构地方转化为旅游目的地，吸引了大量寻求独特体验和具有冒险精神的游客。例如香格里拉，作为一个充满神秘色彩的旅游目的地，它在文学作品和媒体中被赋予了丰富的神话色彩。然而，这个神话是否真实存在于特定地理位置一直有争议。这进一步证明了一些旅游目的地的神话性质——它们更多地是基于人们的想象和期望，而非客观现实。

2.3　人文地理学与旅游的关系

人文地理学理论及其延伸(包括想象地理学和文化地理学)构成了当前人文地理研究的重要基础，这些理论关注的是人与自然环境之间错综复杂的关系。本书聚焦旅游业，探讨了人们如何通过个人和集体的想象力来“创造”地方，以及这一过程是如何促使人们旅行的。

旅游动机理论旨在说明人们不同旅游行为方式产生的原因，以及为什么个体内部和不同个体之间会存在差异。人们试图理解动机如何影响人们在不同空间和地点的活动模式。两个关键问题是：什么驱使个体采取不同的行动？为什么有的人会表现出强烈的行为投入意愿，而另一些人则不然？虽然关于旅行背后因素的研究众多，但主要有两种理论占据主导地位，这两种理论都认同一个观点：目的地的意义超越了单纯的地理界限，即便这样的界限确实存在。在本节中，我们将详细探讨这些理论。

Lew 将旅游目的地定义为一个“非家”的地方，它吸引了自由裁量的旅游者离开他们的家[62]。目的地的吸引力是旅游业的核心组成部分。Pigram 评论说，如果没有吸引力的存在，旅游业甚至不会存在[63]；但 Leiper 认为吸引力并不具有字面上“吸引”游客的力量，相反，这些标志起着连接游客和目的地景点的重要作用[64]。标志是指目的地提供的信息，它们分为三种类型：生成标志、过境标志、相邻标志。生成标志是出发前收集的信息片段，过境标志是在途中遇到的，相邻标志是在目的地呈现的旅游景点信息。按照 Leiper 的定义，旅游吸引系统除了市场外，还包括吸引物和游客。吸引力也包括游客考虑访问或实际访问的地方的任何属性或特征[64]。学者们进一步发展了旅游吸引系统的概念，以解释这三个要素之间的关系，以及该概念如何反映游客到达目的地之前和之后的感知、行为和动机[65]。这些连接元素被认为是旅游吸引系统的一部分，将游客与景点联系起来。在旅游吸引系统模型中，游客通过不同的标志被引至景点。

在这个系统中，标志物对游客的影响得到了实证研究的支持。例如，Richards 指出长途游客更有可能参观必看景点，并将重点放在较窄的景点范围内[65]。他们也会花更多时间研究目的地，以减少感知风险和不安全感。由于观光时间有限，短期停留的游客预计会使用更多的预先计划标志来安排行程。与长期停留的游客相比，他们遇到目的地内连续标志的机会更少。长期停留的游客则利用以前的经历作为参考，并倾向于使用更广泛的标志。有学者指出，在旅途中，朋友和其他游客、旅游指南和个人经历都是重要的信息来源。到达目的地景点前的意识对于创造旅游需求非常重要，特别是对于短期停留的游客[66]。

2.3.1 推拉动机理论

Dann 和 Crompton 从社会学的角度研究了激发旅行欲望的因素，并提出了推拉模型[67,68]。该模型从日常生活、社会文化以及社会制度方面，详细解释了旅游动机。推拉模型可能是目前最常用的旅游动机模型，它已被众多研究人员广泛应用[69]。推动因素是指驱使游客寻求能满足其感知需求的活动的原因。拉动因素则是目的地产生的激励元素，包括目的地管理者吸引游客的策略，游客的个人经验、知识以及信仰。推动因素涵盖了对所处环境的逃避、休息和放松的需求、旅行的社会声望、对冒险的欲望以及与不同文化互动的愿望。而拉动因素则包括目的地的物理特性，如海滩、自然景观、文化地标和娱乐设施。通常情况下，推动因素被视为激发旅行欲望的起点，而拉动因素则解释了游客为何选择某个目的地而非其他地点。这一理论得到了 Crompton 以及 Bello 和 Etzel 等学者的支持[68,70]。

Dann 确定了旅行的两种动机：失范（anomie）和自我提升（self-enhancement）[67]。失范动机指的是个体希望通过到其他地方旅行来超越现代城市生活中存在的孤独感，游客只是希望逃离一段时间。自我提升动机指的是人们对获得认可和尊重的渴望，这种需求与追求身体上的舒适和调整相似。Crompton 也确定了享乐度假者的两种动机：推动和拉动，即推拉理论。推动动机涵盖了逃离日常生活的压力、自我探索与评估、放松身心、提升社会地位、回归自然、加强家庭联系以及增进社交活动等方面，拉动动机主要是追求新奇体验和获取知识[68]。Dann 和 Crompton 两位学者均强调了推动和拉动这两种旅游动机的重要性。他们认为这两种因素的关系并非二元对立，而是在一个连续体上作为两个极端存在。Dann 分析了大众媒体和市场营销在激发人们旅游欲望中的关键作用。旅游指南中详尽的描述和精美的插图不仅展示了目的地的风貌，也指导了游客的行为举止。Dann 的后期研究对他早期的研究结果进行了批判性的分析，即对推拉框架的影响因素进行了深入探讨[59]。

并不是所有的研究人员都同意拉动因素和推动因素作为激励因素的假设。Pizam 等人认为，拉动因素只不过是对旅游活动的常识性解释，在动机方面没有作用[71]。一些研究在接受拉动因素作为激励因素的同时，将其称为目的地属性或吸引力，还有一些人只接受推动因素作为动机[72,73]。推动因素和拉动因素代表了旅行决策的不同阶段，但它们不应被视为完全独立于彼此的存在[68]。人们旅行是因为他们受到自身内在力量的推动，同时也受到目的地吸引力和属性等外力的拉动。推-拉概念虽然在旅游动机研究中广泛应用，但其作为旅游动机的有效性仍有争议。许多研究者区分了推动和拉动的概念，并从社会心理学的角度发展了逃避-寻求理论来解释游客的动机。

2.3.2　逃避-寻求理论

社会心理学方法提供了深入理解旅游行为本质和过程的途径。该方法认为，旅游行为主要受心理因素的驱动，与个体需求系统紧密相关。当人们的日常需求未得到满足或感到生活失衡时，往往会寻找替代方式以弥补这种不足，而旅游便是满足此类需求的一个途径。Iso-Ahola 发展的二维旅游动机逃避-寻求理论是基于 Deci 内在动机理论构建的[74,75]，如图 2.1 所示。该理论强调休闲旅游的心理效益源自两种力量的互动：一是逃离日常环境和压力；二是追求娱乐机会，以获得心理回报。这种互动揭示了旅游动机的双重性质：既是逃离日常生活，也是追求新的体验和乐趣。在 Iso-Ahola 的理论框架下，人们参与旅游活动的主要动机是逃离日常问题和压力，并寻求个人及人际奖励。个人奖励涵盖了自我决策、能力或控制感、挑战、学习和探索以及放松等方面，满足了人们对自我实现、成长和内心平衡的需求。通过旅游，人们得以体验新环境、不同文化和活动，增强自我认知和自我效能感。同时，旅游也提供了与他人交流、合作和分享的机会，有助于建立新关系或加强现有关系，从而带来情感上的满足，并增强自己的社会认同感和归属感[75]。

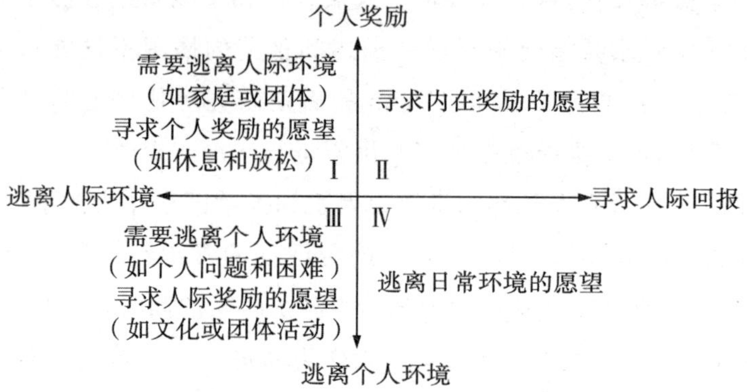

图 2.1　Iso-Ahola 的逃避-寻求理论框架

根据心理学家的研究，对于那些已经摆脱过度刺激的人来说，他们可能已经达到了一个较为舒适和平衡的唤醒水平。在假期中，他们不需要通过过多的休闲活动来进一步调整唤醒水平，因此参加的休闲活动会更少[75]。同样，他们也不太可能过度追求内在奖励，因为这种行为可能会带来额外的刺激，影响他们当前维持的最佳唤醒状态。相比之下，那些没有摆脱过度刺激的人可能会更积极地寻求各种方式来调整他们的唤醒水平，例如参加更多的休闲活动和追求内在奖励，以达到一个更舒适的心理状态。因此，个体在达到自己的最佳唤醒状态后，通常会倾向于维持这种状态，避免过多或过少的刺激，这体现在他们参加休闲活动的频率以及寻求内在奖励的态度上。这个概念解释了为什么不同唤醒水平的人会有不同的休闲活动参与程度和内在奖励追求程度。

“最佳唤醒”概念作为理解旅游及其动机的基础，提供了一个框架来使人们能够深入探究个体的旅游偏好。Wahlers 和 Etzel 强调了个人理想刺激水平与实际生活方式体验之间的差异，并指出这对旅游目的地选择有显著影响[76]。这一视角揭示了个性特质如何决定每位游客的最佳或理想刺激水平。当日常生活中的刺激低于理想水平时，人们可能会感到无聊，从而寻求更多的冒险和体验；因此，假期中他们更倾向于选择能提供新奇和刺激的活动或目的地。反之，如果日常刺激超出期望，人们可能会觉得疲惫，需要放松。在这种情况下，他们更喜欢能够提供平静和放松环境的度假方式。此理论阐释了游客旅游偏好的多样性，并指导人们预测及满足游客需求。旅游业相关人员可以根据游客的个性和刺激需求，提供多样化的产品服务，迎合游客对最佳唤醒状态的追求。此外，该理论也提示我们，旅游不单是休闲活动，而是一种与游客的个性特质和生活体验紧密相连的心理需求满足过程。

2.4　特殊兴趣旅游

现代游客对批量生产的旅游产品感到厌倦，他们正在积极寻求新颖、令人振奋的旅行体验，这些体验不需要过多的严肃的自我投入。这一趋势体现了游客对旅行方式多元化和个性化的需求——他们渴望在旅行中获得轻松、愉悦和刺激，而不是沉重的心理负担。旅游消费模式的改变和“特殊兴趣旅游”(special interest tourism, SIT)游客人数的增长被认为反映了现代社会人们的休闲兴趣更加多样化[77]。旅游业相关人员也逐渐认识到旅游业作为“体验产业”的身份，开始更加注重游客的体验感受。游客愿意为高质量的体验付费，他们期望在有限的时间内获得尽可能多的情感刺激和心灵触动。这种转变不仅推动了旅游产品的创新，也促进了旅游服务能力的提升。这一现象并非新鲜事物，从历史的角度来看，这种追求刺激与新鲜体验的旅行冲动可以追溯至古代的大巡回赛、奥运会以及历史上的远征。然而，“特殊兴趣旅游”这一概念本身也存在着一定的模糊性。新术语如“替代”“可持续”“适当”“新”“负责任”和“自我旅游”等不断涌现，使得这一领域的定义和边界变得不那么清晰。这既反映了旅游业的多样性和创新性，也提醒人们要更加审慎地对待这些概念，确保它们在实践中的有效性和适用性[14]。

特殊兴趣旅游的定义如同许多旅游现象一样，存在着多样性和复杂性，因此在旅游研究者之间达成的共识是：对该旅游现象进行定义是一个需要持续研究的过程。Weiler 和 Hall 提出的定义强调了旅行者的动机和决策主要受特定兴趣的驱动，这些特殊兴趣的重点是特定的活动、目的地和环境[13]。这个定义提供了一个框架，有助于人们理解特殊兴趣旅游的核心特征。尽管不同学者可能对特殊兴趣旅游有不同的理解和侧重点，但这个定义对于本书的研究目的来说是足够的。在本书中，我们主要关注特殊兴趣旅游如何影响旅游者的行为决策，以及特殊兴趣旅游对旅游业的影响。因此，我们不需要在定义上追求绝对的共识，而是需要找到一个适合本书研究目的的定义。

虽然本书聚焦于特殊兴趣旅游现象，但并不是所有归入“特殊兴趣”类别的旅游都与本书的主题直接相关。例如，冒险旅游是特殊兴趣旅游的一个分支，它独具魅力和吸引力。然而，由于其定义过于广泛，可能包括许多不同的子领域，因此并不完全契合本书的特定焦点。同样地，在旅游研究中，“可持续旅游”和“生态旅游”这两个概念经常被提及，它们更多地描述旅游活动的属性和原则，而不是游客的具体动机。尽管这些概念对于旅游业的发展和环境保护至关重要，但它们不直接涉及游客因特定兴趣而做出的旅游决策。值得注意的是，有些特殊兴趣旅游的分类与本研究的主题有较大重叠。例如，文学作品和电影旅游、宗教旅游以及主题公园旅游等，这些都是基于游客对特定文化、艺术或娱乐内容的兴趣而产生的旅游形式。这些类型不仅具有明确的兴趣导向，而且在旅游市场中占有重要份额，它们对于理解和分析特殊兴趣旅游现象具有重要的参考价值。

2.4.1 文学旅游和电影旅游

文学作品和电影对个人旅行愿望的影响受到了人们广泛的关注和研究[32,78]。这些研究表明，文学作品和电影不仅是娱乐媒介，还是激发人们旅行欲望、塑造文化认同的重要工具。文学作品和电影中的场景及故事情节能引起读者的共鸣和向往，进而激发他们前往相关地点旅行的欲望。文学作品和电影创造的地方成为读者和观众心中理想化的空间，并在某种程度上塑造了新的文化景观[79]。这些文化景观是社会内部和外部的社会、经济和文化因素相互作用和进化的结果，同时也受到自然环境的物理约束和机会的影响。可通过风景描述、人物形象和故事情节，在文学作品和电影中构建出极具吸引力的目的地形象。这些形象可能是风景如画的乡村、古怪而迷人的小镇，或是充满怀旧和田园诗般氛围的社区。它们不仅激发了人们的旅行欲望，还推动了相关旅游产品销售量的增长。

以《哈利·波特》《星球大战》和《指环王》等电影为例，虽然所讲述的故事和塑造的世界与现实世界不同，但其中的地点和场景已成为人们思想中的社会建构。虚构地点，如霍格沃茨魔法学校、中土世界和遥远的星球，已通过电影的影响力，成为人们心中的“真实存在”。这种社会建构的过程展示了文学作品和电影对人们旅行愿望的强大影响，也揭示了它们在塑造文化认同和推动旅游业发展方面的潜力。

2.4.1.1　文学旅游

Squire 在其研究中精准地将文学旅游定义为“与文学描写或文学人物有紧密联系的地方的相关活动”[80]。这一定义清晰地揭示了文学作品旅游的核心，即它是基于文学作品与其描绘或涉及的地点之间的联系。此外，文学场所可被划分为“现实生活”与“想象的地方”两大类别[81,82]。“现实生活”的场所主要聚焦于作家的生活经历，这些地方与作家的成长、创作紧密相关。例如，作家的出生地常常对游客有着特别的吸引力，因为它提供了一个窗口，使游客能够洞察作家的早年生活、成长背景。通过参观这些地方，游客能够更深入地理解作家的创作背景和灵感来源，更好地欣赏其文学作品。而“想象的地方”则完全来源于文学作品的创作。这些地方可能基于现实世界的某个角落，但经过作家的艺术加工和想象，它们变得独具魅力且难以在现实中找到准确定位。尽管它们并不存在于现实世界中，但它们的魅力却通过文学作品得以传递，引起了无数读者和游客的向往。

从旅游的角度来研究文学场所，更多地聚焦于这些场所的个体吸引力水平。这类研究倾向于深入探讨来访者的感受，以及他们如何解读文学作品所蕴含的意义。通过深入洞察游客的心理和感知，可以更好地理解文学场所对他们产生的吸引力，同时，可以了解这些场所如何在情感和文化层面上与游客产生共鸣[80,81,82,83]。此外，还有研究关注景点或地区如何利用文学主题进行营销和地点推广。通常，这类研究探讨如何将文学元素巧妙地融入旅游宣传中，以提高目的地的吸引力。例如，通过分析旅游广告、宣传册以及在线旅游平台上的内容，研究者可以揭示文学主题如何被用来塑造目的地的形象，并吸引潜在游客的注意。

Busby 和 Klug 在 Butler 的框架基础上进一步细化和丰富了文学旅游的分类形式，为人们提供了更深入的视角来理解文学旅游者的多元动机和体验[31]。

首先,他们识别出对作品产生背景感兴趣的游客。这类游客往往被文学作品中所描绘的地点、风景和历史文化所吸引,并希望通过实地游览来体验和理解作品中所描述的世界。他们可能会在文学作品的诞生地、作家故居或历史遗迹中寻找线索,以感受作品背后的历史和文化氛围。接下来,Busby 和 Klug 提出了"文学朝圣者"的概念。这类游客不仅对文学作品本身感兴趣,更对文学作品和作者有深入的见解和追求。他们可能出于对某位作家的热爱和敬仰,专程前往作家的故居、墓地或其他与作家相关的地点,以表达对作家的敬意和怀念。此外,还有一种游客是因为他们最喜欢的作家对其有吸引力,而发现目的地同样有吸引力。例如,马塞尔·普鲁斯特的粉丝可能因为对他的钦佩而被吸引到诺曼底,去体验作家生活过的地方,感受他的创作灵感来源。通过追随作家的足迹,这类游客寻找与作家之间的情感共鸣和文化连接。在某些情况下,文学作品的受欢迎程度本身就能使某些地区成为热门的旅游目的地,这种现象展示了文学作品在塑造和推广旅游目的地方面的巨大潜力。最后,Busby 和 Klug 还强调了旅游写作对文学旅游的影响[31]。通过旅游写作,一些地点和人物得以被重新诠释并传达给更广泛的受众。例如,比尔·布莱森的《澳洲烤焦了》(Down Under)一书以幽默风趣的笔触展示了澳大利亚的独特风情和文化,让读者在轻松愉快的阅读中感受到了澳大利亚的魅力。这类作品不仅吸引了更多游客前往澳大利亚旅游,也提升了该国在国际旅游市场上的知名度和吸引力。

Herbert 提供了对文学场所吸引力的独特而深入的见解,揭示了人们参观这些地方的多种原因[83]。首先,与作家生活紧密相关的地方通常成为游客的首选。这些地点不仅是物理空间,更是作家灵感和经历的象征。通过参观这些地点,游客可以深入了解作家的成长背景、生活环境以及创作过程,从而更全面地理解作品。其次,文学作品背景同样是一个重要因素。当文学作品中的地点与现实世界相吻合时,它们便被赋予了特殊意义。游客在探访这些地方时,能够体验文学作品中的场景,感受虚实交织的氛围,这种体验常增强游客与文学作品的情感联系。此外,虚构人物和事件也增加了文学场所的吸引力。尽管它们并非真实,但所营造的意象却能深入人心。在相关地点游览时,游客能感受到超越现实的神秘和魅力,这是其他旅游形式难以比拟的体验。最后,游客还可能被文学场所所蕴含的广泛、深刻情感吸引,这些情感可能与特定作家或故事无关,而是与戏剧性事件、社会背景或文化意义相连。在游览时,游客能体会到与文学、历史和文化紧密相关的情感并产生共鸣。

这些具有吸引力的文学作品，无论是根植于真实的地点还是虚构的背景，都能唤起读者的好奇与探险欲，激励他们启程踏上文学之旅。随着游客满怀对小说描绘场景的期望抵达目的地，这一地点在他们心目中的重要性随之加深。此刻，想象力开始发挥其魔力。游客在实际踏足这些场所之前，心中可能已根据作品描述或个人经验形成了既定印象。因此，当他们亲临其境时，可能会感觉这些地方比现实中更为生动，更贴合他们内心的期望。如此现象不但体现了文学旅游独有的吸引力，还展现了旅游与文学之间的密切关系。文学作品让人们从多角度了解一个地方，而旅游使人们得以亲身感受这些场所的魅力，体验文学与现实的融合与碰撞。文化旅游不只是一种休闲活动，它同样代表了一种文化体验和精神追求。

小说作为现实与读者主观想象之间的"沟通渠道"[84]，在塑造读者对特定地方的形象方面发挥着至关重要的作用。读者在阅读小说的过程中，会根据自己的经历、情感和期待，吸收和理解作品中所呈现的内容，进而形成独特的地方形象。Pocock 提出的观点则进一步强调了这些游客在文学旅游中的学习需求[85]。他们不仅仅满足于欣赏风景或体验文化，更希望通过这种方式扩大自己的知识面，进行自我提升。小说作为对历史的不完美映射，虽然可能不完全准确或缺乏客观性，但一些游客仍然试图从中发现文学场所的深层意义。虽然许多游客自认为是文学作品旅游爱好者，但真正能够深入理解和体验文学作品的"文学朝圣者"并不多[83,82]。这表明，尽管文学作品是影响游客访问特定地点的重要因素之一，但游客的访问动机往往受到多种因素的共同影响。

2.4.1.2 电影旅游

Hudson 和 Ritchie 对电影旅游的定义——由于电影、电视或视频中呈现的内容而引发的对特定目的地的访问——为我们提供了一个全新的视角来理解旅游动机和行为[32]。电影旅游不仅仅是简单的观光，它更是文化旅游的一个重要组成部分。通过影像的力量，它将观众的情感和期待与特定的地点紧密相连。电影可以成为"伪旅游景点"[86]。作为一种强大的视觉媒介，电影能够通过精心构建的场景、故事情节和角色表演，把一个原本普通或并不特别知名的地方塑造成令人向往的旅游胜地。观众在观影过程中往往会被电影中的美景、文化和情感所吸引，进而产生强烈的旅游欲望，希望亲自前往这些地方体验电影中的情节和氛围。一部电影的成功上映通常能够引发拍摄地的旅游热潮，使其成为新的旅游目的地[87]。电影旅游还体现了游客对“替代消费”的追求[88]，他们通过电影这一媒介体验到不同地域、不同文化的风情和魅力，从而在情感上得到满足和愉悦。即使身体并未真正移动，游客的情感已在电影的引导下漫游世界各地。

Hudson 和 Ritchie 提出了关于电影旅游现象的四大类别，这些分类为人们深入理解电影旅游的意义提供了多维度的视角[32]。它们不仅包括电影对旅行决策产生的直接影响，也涉及电影观众的特性、电影旅游对当地社区的影响，以及相关的目的地营销活动。在推动因素方面，激发电影旅游的动机是多元而复杂的。幻想与逃避是两个常见的心理动机，观众通过电影体验不同的世界，以实现对日常生活的逃避。追求地位和声望体现在游客希望通过参观电影拍摄地以展示其独特的品位和身份。自我认同则是指游客在电影旅游中寻找与其价值观、信仰或生活方式相符合的元素。此外，浪漫、怀旧、新奇和学习等动机也在不同程度上影响着游客的决策。在拉动因素方面，目的地的营销活动对于吸引电影游客至关重要。有效的宣传和推广能够提升目的地的知名度和吸引力，从而吸引更多的游客。除此之外，目的地的自然与文化特色、影片本身的特定因素（如知名度、导演和演员的影响力），以及电影拍摄地得到的政府支持和地点的可行性，都是影响游客选择的重要因素。

电影旅游的游客通常更倾向于为了一系列集群的品牌标志而消费，而不是单一物品，这一现象在 Tzanelli 的研究中得到了证实[22]。以新西兰为例，因《指环王》三部曲的拍摄和成功，该国已成为广大游客心目中的中土大地象征。他们前往新西兰，主要是为了体验电影中所描绘的奇幻氛围。然而，MacCannell 指出，游客在享受这种电影诱导的旅游体验时，也意识到这些体验是人为构建的，并带有虚假性[89]。他们清楚地认识到旅游业可能会利用各种策略来塑造目的地的形象，以吸引游客。这种自我意识使游客在旅行过程中不仅是营销活动的对象，也是具有选择权的个体，他们会根据个人兴趣和需求重新评估旅游组织者的建议。

这意味着尽管电影和旅游业的营销策略能在一定程度上影响游客的选择，但游客自身仍保有独立思考和决策的能力。因此，我们观察到，受电影影响的游客在度假方式的选择上往往与营销人员的建议存在差异。他们可能会依据自己的偏好和需求选择更加个性化和多样化的旅游方式。这对旅游业来说既是挑战也是机遇，要求业界不断创新和完善产品，以满足游客多元化的需求和期待。

电影《指环王》是一个成功的例子，它展示了电影在构建虚拟地方面的巨大潜力。它将观众与各种流行的虚构目的地以及幻想目的地相连。电影所呈现的中土世界是一个完全虚构的空间，而其精心打造的细节和视觉效果则让人产生了身临其境的感觉。观众仿佛可以置身于那个充满奇幻与冒险的世界，与角色们一同经历那些惊心动魄的历程。然而，这些看似真实的图像其实与现实世界毫无关联，它们是电影制作团队的精心创作。电影中的世界是对一个从未真实存在过的地方的模拟，正如 Baudrillard 所指出的，它是一种"仿真"或"超现实"的体验[90]。

尽管《指环王》等电影为观众提供了逃离日常生活的机会，让人们在繁忙和压力中找到片刻的宁静与放松，但它们也隐藏了一个重要的事实：这些电影提供的体验是标准化的、不真实的，观众所感受到的情感、氛围和冒险都是经过电影制作团队精心策划和设计的。这种标准化的体验虽然能够满足观众的某种需求，但也可能限制了他们对于真实世界的探索和认知。正如 Tzanelli 所讨论的，电影和旅游所构建的虚拟世界与真实世界之间存在着微妙的关系[22]。这种模拟不仅存在于电影中，更体现在城市环境、消费文化以及现代生活的各个层面，揭示了发达国家中消费主义和现代生活对个体"自我"的复杂影响，并表明人们如何在人造环境中寻找现实，甚至误将之当作现实。

电影通过视觉效果、音效和叙事手法，能够将观众带入一个完全不同于现实世界的想象空间。这些想象空间中的场景和角色往往具有强烈的象征意义和情感共鸣，使观众在观影过程中产生强烈的代入感和真实感。前往文学目的地的游客可能难以区分现实生活中的地方和他们在想象中构建的地方[83]。当游客被电影中的虚构世界所吸引，前往拍摄地点体验时，他们可能会产生对人造环境的误认。这不仅是对物理空间的误解，更是对生活方式、文化价值观或情感的错误感知。游客可能期待在现实中体验到电影所呈现的情感和氛围；然而，若发现实际地点与电影描述不符，他们可能会感到失望。正是这种失望及现实与期望之间的落差，促使游客对宣传该地的神话有了更深的共鸣。他们开始将这些神话视为现实,甚至将原为电影服务的小说看作纪实文学作品。

这种心理转变不仅体现了游客对真实与虚构界限的模糊认识,还表明了他们在旅游体验中寻求更深层次意义和联系的愿望。这种现象不只是个体的心理反应,也是社会文化背景的产物。在消费主义盛行的社会中,人们通常借助物质和文化产品来塑造和展现自我。电影作为一种强大的文化媒介,提供了构建和体验虚拟世界的途径。旅游也因此成为一种途径,将虚拟体验具象化,让人们得以在人造环境中探寻并肯定自己的身份和价值观。因此,本节内容的核心思想将围绕电影旅游现象中真实与虚构的交织、游客的心理转变以及消费主义对个体自我认同的影响等议题进行深入探讨。通过深入分析这些议题,我们能够更加深刻地把握电影旅游现象的本质与意义,进而为相关产业的持续发展提供宝贵的参考。

文学作品和电影是艺术的两种重要形式,它们经常为人们打开一扇通往想象世界的窗户。这个想象的世界并不会随人们童年的结束而消失,相反,它可能在人们的成年生活中以不同的方式得以恢复和延续[82],旅游正是其中一种方式。通过旅游,人们可以亲身体验那些曾在文学作品和电影中描述的场景,把虚构的世界与现实世界相融合,创造出一种独特的真实感。文学作品中的目的地通常基于一些不可否认的事实,但作者会运用想象力和创造力,将这些事实融入神话和现实中,构建一个独特而富有吸引力的世界。在这种情况下,真实性成为一种主观体验,它不仅取决于目的地的实际状况,还受到目的地管理目标、游客的预期和解释以及两者之间相互作用的影响。

Shields 的观点进一步强调了读者在解读文学作品过程中的主观能动性[56]。读者不仅仅是被动地接受文学作品中的信息,而是通过自己的理解和想象,赋予文学作品新的意义。这种解读过程实际上是在读者和文学作品之间建立了一种反身循环,即读者的解读影响他们对文学作品的理解,而文学作品的内容又反过来影响读者的解读。Samuel 的接受理论也强调了读者在解读过程中的中心地位[91]。他认为,对文学作品的解读是随着读者的阅读和理解而不断变化和生成的,这意味着文本是解读的起点和媒介,但真正的理解来自于读者自身的经验和认知。这也解释了为什么不同的读者可能会对同一文学作品产生不同的解读和体验。随着历史知识从一个学习回路转移到另一个学习回路,读者对文学作品的理解也会随之变化。这种变化可能导致读者对文学目的地的期待与现实之间产生偏差，从而产生“想象错位”的现象。

2.4.2　宗教旅游

区分不同类型旅游的动机是一件复杂的任务，因为游客往往怀揣多重目的出行。例如，一个电影迷在寻找放松的目的地时，可能会选择曾在他们最喜爱的电影中出现过的地方。这就引出了一个疑问：游客的主要动机是什么？是为了满足电影引发的欲望，还是仅为了娱乐，恰巧选择了电影中的目的地？

Rinschede 提出了关于宗教旅游的独特见解，指出这种旅游形式与其他类型旅游在动态和静态方面存在显著差异[92]。宗教旅游者的动机通常与宗教密切相关，其形式可能包括参观不同地区的宗教中心、参与宗教仪式和会议等。这类旅游不仅涉及休闲或娱乐，更多地体现为一种精神追求和信仰体验。宗教朝圣者在挑选目的地时，常带有强烈的宗教认同感和明确目的，使其在行为和意图上与一般游客有明显区别。朝圣者往往对所选目的地怀有深厚的宗教情感，他们的旅行主要是寻求精神满足和与神灵的交流。Collins-Kreiner 和 Kliot 对基督教朝圣者前往圣地的研究进一步突显了宗教动机在朝圣活动中的重要性[93]。研究揭示，朝圣者的主要动机是个人的及宗教上的，包括对宗教信仰的坚定、对教义的追求以及渴望与神灵的亲密接触等。这些因素驱使朝圣者前往圣地，参与各类宗教仪式和活动。

宗教旅游作为文化旅游的一个重要分支，不仅体现了宗教文化的深厚底蕴，也展示了旅游与宗教文化之间的紧密联系[92]。在宗教旅游项目中，通常会给朝圣者安排一天的自由时间，让他们有机会探索周围地区。这不仅有助于朝圣者更深入地了解当地的文化和风俗，也增加了旅游的多样性和丰富性。尽管有时在宗教景点很难明确区分宗教朝圣者和那些虽然尊敬宗教但更为世俗的游客，但这并不妨碍他们共同体验和欣赏宗教文化的魅力[94]。值得注意的是，尽管朝圣者通常带着深厚的宗教情感来到圣地，但他们也可能会对圣地的商业化和缺乏真实性表示担忧。这种担忧反映了朝圣者对宗教纯洁性和真实性的期望，以及他们对旅游商业化可能带来的负面影响的敏感。尽管如此，研究发现近一半的朝圣者对非宗教活动也表现出浓厚的兴趣。这表明朝圣者的旅游动机并非完全局限于宗教层面，他们同样渴望体验更多的文化、历史和社交活动。这也解释了为什么宗教旅游能够吸引各种不同类型的游客，而不仅仅局限于宗教信徒[93]。此外，对于宗教游客来说，与一群年龄相仿、信仰相似的信徒一起旅行也是非常重要的。这种共同的文化和信仰背景不仅有助于增强他们的归属感和认同感，也让他们在旅途中能够分享更多的经验和感受。

以宗教为动机的旅游可以追溯至极为久远的时代，其历史之悠久，几乎与宗教本身相媲美[92]。这种深厚的渊源使得宗教旅游在旅游类型中占据了独特的地位。它不仅是人们寻求精神寄托和宗教体验的一种方式，也是文化传承和历史见证的重要载体。Nolan 等人对宗教旅游的分类为我们提供了深入理解这一现象的框架，他们将宗教旅游分为三类，每一类都有其独特的魅力和吸引力[94]。首先，朝圣地是那些服务于有宗教动机游客的地方，这些地方往往是信徒们心中的圣地，他们来到这里，或为了祈祷、或为了忏悔、或为了寻求神灵的庇佑。在这些圣地中，游客们能够感受到浓厚的宗教氛围，并与神灵进行心灵的交流。其次，宗教旅游也包括游览那些具有宗教意义以及历史和艺术价值的遗址和建筑，这些地方不仅是信徒们朝拜的圣地，也是游客们欣赏历史和艺术之美的好去处。在这些遗址和建筑中，游客们可领略宗教文化的深度，并感受历史与艺术的融合。最后，宗教节日是宗教旅游中不可或缺的一部分，这些节日往往伴随着盛大的庆典和仪式，吸引了大量的信徒和游客前来参与。在节日期间，游客们可以亲身体验到宗教文化的独特魅力，感受到宗教活动的热烈氛围。

朝圣是区别宗教游客与其他游客的根本因素，这不仅涉及物理上的移动，更重要的是一种精神追求和内在理解[17]。对宗教游客来说，朝圣之旅表现为踏上前往圣地的路程，可能包括长途跋涉、跨越国界的参拜或本地的简单参拜。这些行为背后的深层含义远超出表面的旅行活动。在精神层面，朝圣反映了朝圣者对宗教教义的深刻理解。朝圣者和朝圣活动在多数国家的旅行活动中占据重要位置，已引起广泛关注[93,95]。不同学者从多个角度探讨了宗教与旅游业之间的复杂关系，为人们理解这一领域的发展提供了丰富的视角。Cohen 和其他学者对宗教与旅游业的互动进行了深入研究，分析了宗教元素如何影响旅游动机、行为及体验[95]。这些研究不仅揭示了宗教在旅游中的重要作用，同时也帮助我们理解宗教对旅游业发展的影响。例如，Eade 探讨了朝圣者和游客之间的互动，发现虽然他们在目的和动机上可能存在差异，但在特定情境下，互动有助于文化交流和相互理解，这对宗教旅游的多元化和包容性具有重要意义[96]。值得注意的是，Collins-Kreiner 和 Kliot 深入研究了访问圣地的基督教朝圣者的行为特点[93]。研究表明，朝圣者的行为受宗教信仰以及个人经历、文化背景和社会环境的共同影响。这项综合性研究为我们深入理解朝圣者的行为提供了理论参考。

Cohen 通过引入结构性、现象性和制度性这三个维度，对旅游与朝圣进行了富有价值的比较[95]。他通过对泰国景点的进一步深入研究，揭示了朝圣和旅游在旅程方向上的显著差异。Cohen 指出，游客往往体验到的是一个位于他处的地方，即一个与自己的日常生活和文化背景有所不同的环境。而相比之下，朝圣者的旅程则指向他们的社会文化中心，即与他们的宗教信仰和文化传统紧密相连的圣地[95]。尽管 Cohen 的论点引人深思，然而，Morinis 等学者对 Cohen 的观点提出了质疑。Morinis 认为 Cohen 对这两种类型的旅行者区分并不明显，因为在实际的旅游和朝圣活动中，很多行为和体验都是交织在一起的，难以彻底分开[97]。确实，在实际情境中，朝圣者和游客的行为、动机和体验常常相互渗透，难以彻底区分。许多游客在参观宗教圣地时，可能会受到宗教氛围的影响，产生类似于朝圣者的情感体验。同样，朝圣者在完成宗教仪式的同时，也可能享受到旅游带来的乐趣和放松。因此，旅游和朝圣在某些方面存在明显的差异，然而这些差异并不是绝对的，而是相对且模糊的。这两者在实践中常常交织在一起，难以彻底分离。这种复杂性要求人们在理解和研究旅游与朝圣的关系时，需要采用一种更加开放和包容的视角，充分考虑所有可能的交织和重叠情况。

尽管旅游和朝圣在某些方面可能看似相似，但实际上是两个相关但可分离的现象。它们都触及了人类处境中的核心主题，如自我与他者、熟悉与陌生、这里与那里。然而，每一种旅行方式都以独特的方式演绎这些主题，从而赋予它们独特的意义和价值。旅游通常更多地关注世俗理想的追求，强调放松、娱乐和文化的体验。它涉及众多人员前往各类目的地，如风景秀丽的自然景区、历史名城或现代化大都市。旅游活动内容丰富多样，包括观光、购物、品尝当地美食等，旅游管理重点包括旅游资源保护和游客服务。相比之下，朝圣则是更偏向精神和宗教的旅行形式，主要关注宗教理想的追求，强调精神上与神灵的沟通、信仰的加深和精神的净化。朝圣者群体较为单一，活动主要是宗教仪式和信仰实践。管理上，朝圣地需重视宗教活动组织、维护信仰氛围及满足朝圣者的精神需求。虽然旅游和朝圣有所区别，但二者均是人类行为的重要组成部分，都体现了人们对美好生活和精神世界的追求与探索。实践中需充分理解这两种旅行的特点，以便更好地为游客和朝圣者提供服务和支持。

2.4.3 主题公园旅游

主题公园是一种独特而迷人的娱乐环境。通过精心设计的主题和氛围，它们为游客提供了一个脱离日常生活的体验空间。在这样的环境中，游客不仅能沉浸其中，还能感受到强烈的生活参与感，仿佛真的置身于另一个世界。从主题类型来看，主题公园确实丰富多彩，包括冒险、未来主义、国际、自然、幻想、历史和文化、电影等[98]。这些主题各具特色，通过富有创意性的设计和布局，让游客在享受娱乐的同时，也能感受到不同文化和历史的魅力。最著名的主题公园当属迪士尼乐园。

主题公园作为大众文化的重要象征，承载着多重意义。它代表着未来主义与人工自然的融合，让人们体验到科技革新和创意所催生的奇妙感受。同时，它还承载着民族怀旧的形象与梦想，让人们感受到文化的归属感与认同感[99]。此外，主题公园是一个制造幸福的地点。主题公园通过提供丰富多彩的游乐设施、活动和展览，让游客在轻松愉快的氛围中享受独特体验。这些体验包括有形的元素（如刺激的游乐设施、精美的布景和道具）以及无形的元素（如欢乐的氛围、美好的回忆和情感共鸣）[19]。

对于游客来说，主题公园是一种体验式的旅游产品。游客支付一定费用后，便可以在这个封闭式的娱乐环境中享受各种娱乐活动和服务。这不仅包括游乐设施带来的刺激和快感，还包括在公园中漫步、观赏表演、品尝美食等全方位的感官享受。主题公园的主要目标群体是儿童和家庭。这是因为家庭是旅游市场中的重要组成部分，而儿童则是家庭旅游的核心成员。主题公园通过提供各种适合儿童和家庭的游乐项目和服务，满足这一群体的特殊需求，成为他们喜爱的旅游目的地之一[18]。

参观主题公园的动机是复杂的，并且会随着时间的推移而发生主观性变化。然而，有研究发现动机与游客的人口统计特征和生活方式之间存在从弱到中等强度的关联[98]。例如，40～54 岁年龄段的成年人可能更偏好历史和文化主题，因为这些主题能够唤起他们对过去的回忆和对文化的尊敬。而年轻人可能更偏爱冒险性和刺激性的主题，因为这些主题更符合他们追求新鲜感和挑战的精神。此外，主题公园的主题选择也需要与时俱进，紧跟时代的潮流和游客需求的变化。随着科技的进步和社会的发展，新的主题和元素不断涌现，为主题公园带来了更多的创意可能性。如电影和电视节目主题目前极受欢迎，这些主题能够为游客带来更加沉浸式和有趣的体验。主题公园管理者在规划未来主题时，需要综合考虑各种因素，包括目标市场的特点、游客的需求和喜好、竞争对手的情况等。通过深入研究和分析，他们可以识别哪些主题具备流行的潜力，并据此规划相应的营销策略和推广行动[100]。

第 3 章　游客对虚拟地的感知和体验

第 2 章阐述了虚拟地旅游的理论基础及概念，并基于动机理论讨论了人文地理学与旅游的关系。本章主要介绍旅游目的地的形象及游客的体验。此外，本章还探讨了游客的性格特征与旅游选择之间的关系。

3.1　对旅游目的地的感知

人们根据自己对独立存在现象的解释做出一定的决定。对世界的看法是影响行为的主要因素，但这些看法可能会受到先入观念、误解或不完整理解的影响而发生扭曲。行为地理学是文化地理学的一个分支，它研究人们对世界的感知及这些感知对人们行为的影响。人们对外部现象的感知在头脑中形成的图像被称为心理地图。个体根据他们的心理地图做出决定，这个决定在一个可能很大程度上超出他们理解的世界中发挥作用。在这种方式下，人们对景观的评价受到其美学价值的影响[101]。

行为地理学家致力于解释个体在空间中对外部现象作出特定反应的过程。人们试图从混乱的感官信息中构建出一个有结构的认知框架，以此理解外部世界。然而，人们所构建的框架并非独立产生的，而是受到多种因素的影响。这些因素实际上源自人们通过语言、文学、图像、手势和行为所内化的因素[35]。语言和其他信息处理及交流系统为人们提供了一种手段，来与物理世界进行直接感知的互动。想象或假设的概念帮助人们解释这种互动。感知则提供了直观的数据，支撑人们对事物的解释。对成年人而言，现实是由个人经历过、感知到并记住的特征、物体、事件和行为构成的[35]。因此，人们通常所说的现实，是指那些能够被感知理解并在思维中掌握的对象。根据这一理论，经验、概念和事实都是真实的组成部分，而现实是通过连续不断的变化过程构建出来的。该理论要求人们接受一个既包含客观又包含主观的世界。

Lee提出了"现实的过程观"，该理论成为"日常生活的过程哲学"[102]。其核心假设是人们通过互动和经验的连续过程，逐渐发展出对外部世界的认识。人们的行为表明了人们如何通过整合长期记忆中的信息、对周围世界的感知以及物理现实的客观事实来构建所谓的"现实"。支持这种哲学的研究人员认为，在某种意义上，一切都是真实的，问题在于如何找到正确的感觉，让事物本身成为"真实的"。该理论认为，只有理解了引导思维、推理和行动的过程，人们才能充分理解人与环境关系中的地理空间模式。

人类从外部世界接收海量信息，人们的感官过滤这些信息，大脑只编码那些它认为与个人相关的信息，并将其存储于长期记忆中。人们对特定环境的理解，基本上由这些选择性的信息构成。由于"相关性"因人而异，且随时间变化，个人的"现实"也因此受到影响。

3.1.1　目的地形象的形成

一个地方的形象是游客对其感知后的结果，而不是现实，因为游客在实际体验之前无法预先测试旅游产品。Gartner认为，一个地方的形象由三个部分组成：认知成分、情感成分和意动成分[103]。认知成分代表了游客对一个实体的信念和态度，这些信念和态度使游客构建了对实体特征的内部接受图景，主要涉及对产品的理解，如对一个地方的历史文化、自然景观等的了解。情感成分涉及游客对实体持有的感觉和价值观，这包括游客对地方的好恶、兴趣等情感反应。意动成分则影响着游客在旅游情境下，是否选择某目的地作为预期假期的行动地点。Gartner指出，目的地形象的形成是一个持续的过程。这一过程是由各种媒介单独或共同完成的。这些媒介包括传统的广告形式、旅游业相关的运营商、独立制作的报告、纪录片、电影和新闻报道以及其他游客的分享和游客的过往体验。Kim和Richardson认为，只有自主代理对个人和社会信念产生重大影响，因为人们可能认为这些信息相较于传统广告更为公正[104]。Fakeye和Crompton提出了形象形成的第三个阶段，称之为"复杂形象"[105]。他们认为，游客在访问并选择了特定目的地之后，由于与该地区的实际接触，会对该地区形成一个更为复杂的形象。

意象形成过程模型识别了旅游者感知的影响因素,包括以往经历、对目的地的熟悉程度、文化背景、地理来源和对目的地的期望。Baloglu 和 McCleary 发现游客和非游客对同一地点的看法存在差异。非游客通过接触报纸、杂志、电影和电视报道形成的有机形象塑造了他们对某一地点的感知,而游客则直接从他们访问的目的地整合了该地的形象[106]。游客通过对所获信息的解释来重建目的地的预游形象。

目的地的意义由游客的思想决定,而非仅由遇到的物品和场景决定。这一观点基于后结构主义理论产生,即意义并非文本固有的,而是在文本之外产生的。游客在心中根据欲望、记忆和关注创造意义,有时这与他们遇到的实际情况关联甚微。按照 Campbell 的观点,游客就像具有想象力的艺术家,从记忆中获取图像,并重新审视眼前的环境,使其更加令人愉快[107]。

因此,目的地在意识形态上是由营销人员和游客共同构建的。游客带着一套预设的观念来到这里,Urry 称之为"游客的凝视",并解读为"浪漫凝视"和"集体凝视"[2]。"浪漫凝视"指的是受过良好教育的游客,他们拥有通过地点和事件构建意义的文化能力。"集体凝视"则属于对情况不太了解的人,因此缺乏辨识力,更需要其他凝视者首先确认凝视的含义。

目的地的形象不再具有单一、固定的意义,而是在不同游客心中具有不同形象,即其具有多样性。由于游客心中已有的想法,在抵达目的地之前,体验的主观性变得更加明显。营销传播的影响、过往经验、偏见的表达、个人信仰、欲望和幻想共同影响着目的地形象的塑造。这并不意味着目的地缺乏物质属性,它们的物质属性具有基于它们的历史和物理现实而被普遍认可的客观意义。例如,埃及的大金字塔对不同游客来说可能具有不同的意义,但它的物理存在和历史意义是公认的。

Jafari 认为,旅游是一种转化情感或解放身心的形式,它将个人从日常世界带离,去到一个新鲜的世界[108]。旅游使个人能够暂时搁置在家中通常会受约束的行为标准。随着转型过程的继续,游客所熟悉的日常社区被降格为残存的文化背景,被目的地的"旅游文化"所取代。这种新的"旅游文化"不断定义和重新定义角色、规则、概念、动作、形式、力量、期望、过程和本质。随着游客身份的变化,观光者被转变为具有新身份的个人,他或她在一个新的"舞台"上表演,并在新文化的吸引下生活。

由于这些原因，旅游业，尤其是后现代形式的旅游业，与人文地理学的关系比自然地理学更密切。旅行的动机似乎越来越多地来自地方被赋予的意义，而这些意义往往与其物理特性无关。随着促使人类旅行的因素变得更加错综复杂，虚幻的目的地可能是一个结果。

3.1.2 感知的功能

在市场营销和旅游领域中，感知被认为是一个主要的预测因素，会对指导决策和消费者行为产生重要影响[109,110]。每个人都以独特的方式选择、组织和解释接收到的信息。目的地的形象是通过观察者的感知而形成的，这一形象既依赖于与环境相关的特定刺激，也依赖于个人的特征和所处的情境。游客的目的地感知源自目的地的属性，包括物理属性和神话属性。游客通过各种关于目的地属性的信息预先体验一个特定的目的地。塑造目的地的形象感知对于市场营销人员至关重要，因为他们需要识别潜在游客在感知目的地属性方面的个体差异[111]。

Tasci 等人指出，目的地感知只是目的地形象的另一个名称[112]。然而，Fridgen 认为，形象和感知可以通过环境刺激来区分[113]。形象和感知都是对环境理解和认知的一部分，但形象是感知过程的终点，形象本身不能独立存在，它需要依赖刺激来形成。这意味着形象可能包含也可能不包含感知。对目的地形象的感知基于游客自身经验或间接信息来源，主要包含认知、情感和意动（行为倾向）成分。认知和情感成分是对环境刺激的心理反应，意动成分则指基于这些信息进行的行动。认知是通过思想、经验和感官获得知识的心理过程，它包括有意识的注意、思考、记忆、理解和评估刺激，以便做出决定。这一过程不同于感受，后者是由刺激唤起的感受及其不同程度的无意识反应。当对一个对象的认知增加时，这可能导致对该对象产生积极的感受[112,114]。

在实证研究中，目的地属性通常用于衡量游客对目的地的感知[115]。旅游目的地由许多区分彼此的属性组成。可达性、便利设施、住宿、吸引力和活动是构成旅游目的地属性的主要因素[111]。可达性包括外部交通和通信，确保外界人员能够到达目的地。便利设施涵盖餐饮、娱乐、内部通信、交通等内部设施，使游客的体验更加方便和愉快。住宿包括旅馆和露营地等住宿设施。自然景观和历史遗迹，以及展览、体育赛事和会议等构成了结构化的吸引力。活动指的是室内外可供游客参与的娱乐体验。

游客的心理体验同样重要。游客直接或间接与他人接触，这为目的地增添了另一个维度。当游客决定是否访问或重访某个特定目的地时，他们会考虑大多数或所有这些属性。潜在旅行者在选择目的地之前，会先比较不同目的地的属性[115]。此外，根据不同细分市场的不同需求，游客对不同属性的重视程度也会有所不同，进而影响他们的目的地选择[111]。

游客对目的地的感知受各种因素的影响，包括游客通过其文化和社会背景、个人兴趣、经历和教育背景所了解的内容。各个目的地在全球市场上塑造的形象也起着重要作用。有许多实证研究证实，不同国籍的游客、游客和非游客对特定目的地持有不同的看法。Bonn 等人声称，尽管全球化和互联网的普及对提高文化意识和缩短文化距离产生了相当大的影响，但来自不同地方的游客对目的地的看法仍然存在差异[116]。

感知通常被认为是个体对内部认知过程形成的主观理解，关于内在欲望与目的地感知间关系的实证研究受到学者们的关注。例如，Almeida-García 等分析了影响目的地形象的因素，这些因素包括信息来源、动机以及之前的旅游体验。同时探讨了目的地的预期形象与感知形象之间的差异。研究结果显示，信息来源和动机显著影响了目的地的形象，并强调了先前旅游体验的重要性。曾经访问过某地的游客比未访问过的游客更能明确地定位目的地的形象。那些未曾到访该旅游目的地的人可能会通过文化推广渠道形成预期的形象。对于已访问过的旅客而言，他们持有的目的地形象较为复杂，既包括固有的形象，也将目的地管理者推广的新形象视为补充[51]。此外，在旅游时，停留时间不同的游客的评价也与调查结果的准确性有关。

Yoo 等的研究提供了关于旅游动机与目的地选择之间关系的深刻见解[111]。该研究基于游客的心理特征和类型及旅游职业阶梯模型，旨在探索游客的需求、动机与选择目的地过程之间的关系。研究显示，没有单一模型能完全解释游客选择目的地的过程或其旅行行为。游客的旅游动机及对目的地环境的选择受其心理类型的影响。这种心理类型由多种因素决定，如人口统计特征、旅游类型、频率、时长、目的及目的地环境。为全面了解游客的旅行行为，需综合考虑旅行动机、目的地选择、心理特征、旅行距离等因素及其与人口统计特征的关系。研究表明,旅行距离与游客心理特征无显著统计关联。这说明旅行距离主要受出发地市场特性影响,且不同市场与目的地间存在独特关系模式。因此,深入理解游客选择目的地的逻辑需要跨学科方法。

研究结果表明,目的地属性与旅行动机之间存在显著的关联,这一发现对于旅游从业者来说具有重要意义。它意味着,为了吸引不同类型的游客,目的地管理者和营销人员需要深入了解游客的动机,并根据这些动机来优化或调整目的地的相关属性。此外,研究发现内部动机和外部动机都与目的地属性感知有显著相关性。内部动机通常与个人的兴趣、好奇心和探索欲望相关,而外部动机可能受到社会压力、文化影响或寻求新奇体验等因素的驱动。这表明,无论出于内在还是外在的原因,游客对目的地属性的感知都会受到他们旅游动机的影响。

Beerli 和 Martin 对游客特征和旅游目的地感知形象进行了实证研究,考察了感知形象与游客动机之间的关系[117]。样本组包括首次访问者和回头客。他们的研究结果表明,对于首次访问者,动机显著影响情感形象;而回头客基于知识的动机可能与情感形象存在显著的负相关。因此,他们得出结论——游客动机对目的地感知形象的情感成分有显著影响。Martin 和 Rodriguez del Bosque 的研究也得出了相似的结论[118]。研究结果显示,目的地感知是基于个人对目的地的认知(即认知形象)和感受(即情感形象)而形成的。认知因素由目的地的功能属性或有形特征(如景观和文化景点)以及心理或抽象成分(如热情好客和氛围)构成,有时两者并存。情感因素则涉及目的地所引发的情绪,如快乐和兴奋。游客利用这些印象来评价目的地,并做出最终判断。游客的动机和文化价值观对地方感知产生重大影响;同时,心理动机促进了情感形象的发展。当目的地唤起的情感与个人追求的动机或利益相得益彰时,便使游客在做出旅行决策前对其形成了良好的情感形象。

Correia 等人探讨了葡萄牙游客选择异国旅游目的地的心理与社会动机[119]。研究重点在于心理动机与社会动机的相互作用,以及社会动机如何与旅游产品的物理特性相关联。他们旨在评估这些激励因素如何影响游客对目的地整体的看法。调查结果表明,游客对旅游目的地的认知由推拉因素共同塑造,其中推动因素起着决定性作用,因为它们是影响人们产生旅游动机的根本原因，而拉动因素进而解释了游客的旅游目的地感知。但是，研究并未发现推动因素与感知之间有显著的联系。Poria 等人则研究了参访遗产地的动机如何影响游客对目的地的感知[21]。他们的研究成果揭示了游客对某景点的态度与其访问动机之间的密切联系。

3.1.3 目的地感知的测量

在旅游研究的实证领域，测量问题无疑是一个备受关注的核心议题。它引起了许多旅游研究者和实践者的极大兴趣，并且已对其进行了深入探讨。测量问题的复杂性在于捕捉和理解人类的认知过程。批评者指出认知过程发生在个体头脑中，客观的外部观察者难以直接观察这一过程。由于无法完全透视个体的内在认知过程，研究者仅能观察到其外在表现或结果。因此，旅游研究中对目的地属性、旅游动机及感知的测量都带有一定的主观性和局限性。

然而，这并不意味着旅游研究中的测量问题无法解决。Echtner 和 Ritchie 在回顾产品形象感知的测量方法时，明确区分了结构化与非结构化这两种主要的技术，为旅游形象研究提供了清晰的方法论框架[120]。结构化方法通常依赖于预设的、标准化的测量工具，如语义差异量表和李克特量表，这些工具能够量化受访者的反应，便于数据的统计和分析。在目的地形象的测量中，研究者之所以普遍倾向于使用结构化方法，是因为这些方法具有较高的信度和效度，能够较为准确地反映受访者对目的地的感知和评价。此外，这些方法也便于进行跨样本和跨时间的比较，有助于揭示目的地形象的变化趋势和影响因素。

相比之下，非结构化方法能够捕捉受访者的个性化观点和感受，有助于揭示目的地形象的复杂性和多样性。非结构化方法允许受访者自由地表达自己的想法，从而提供更丰富、更细腻的数据。因此，在旅游地形象研究中，研究者应根据研究目的和对象的特点选择合适的方法，或者结合使用两种方法，以获得更全面、更深入的研究结果[120]。

Formica 在全面回顾了过去关于旅游景点、吸引力测量工具、旅游资源的区域分析和旅游规划的文献后，提出了衡量目的地吸引力的六步框架[121]。该框架包括：确定要调查的区域、测量单位面积、对该地区的资源进行盘点、将资源归类为吸引因素或类别、评估景点并以地理方式呈现结果。该框架得到了

Hunter 等人的支持，他们认为目的地图像感知的多方法研究设计非常重要[122]。此外，Hunter 等人利用视觉研究揭示了人们对神话相关目的地的真实看法，并取得了可观的成果。视觉研究有助于揭示感知与知觉记忆之间的关系，以及人们对商品和文化符号形成的看法。因此，视觉研究是一种有效的方法，它可以检查旅行者对文化相关和神话目的地的看法，同时可以结合多种方法为旅游研究做出贡献。

在未来目的地形象研究的设计中，Echtner 和 Ritchie 提出以下建议：目的地形象应由两个主要组成部分构成，第一部分是基于属性的，第二部分是整体性的。每个组成部分都包括功能特征（有形的特征）和心理特征（抽象的特征）。此外，一个目的地形象的形成可能基于普通的功能特征和心理特征，也可能基于独特甚至独一无二的特征、事件、感觉或光环[120]。

目的地形象结构是一个复杂且难以准确测量的概念，它涉及多个维度，包括自然风光、文化遗产、服务质量以及当地人的友善程度等，每个维度都可能对游客的看法产生积极或消极的影响。Milman 和 Pizam 认为，游客对目的地的看法具有多样性，既可能是有利的，也可能是不利的[123]。这种多样性不仅源于目的地本身的多面性，还受到游客个人经历、文化背景、旅游动机等多重因素的影响。目的地形象研究通常强调，目的地需要积极塑造和维持正面形象，以在竞争激烈的旅游市场中保持竞争力。正面的目的地形象能够吸引更多游客，提升游客的满意度和忠诚度，从而推动当地旅游业的持续发展。McLellan 和 Foushee 的研究进一步指出，当游客对目的地正面形象的印象显著超过负面形象时，他们更有可能选择该目的地作为旅游目的地[124]。这表明，目的地管理者应该努力提升目的地的正面形象，减少或消除负面形象，以增强目的地的吸引力和竞争力。

3.2　性格特征与旅游之间的关系

人文地理学关于游客感知和选择目的地的研究揭示了一个充满想象和情感的世界。在这个世界里，游客依据自己的个性特质和内心需求，不断地创造和重塑着心中理想的旅游空间。他们选择目的地往往不单纯基于地理位置或自然资源，而更多地是基于内心的想象和情感的投射。例如，有些游客可能更倾向于寻求冒险和新奇体验,而另一些游客则可能寻找与自己情感共鸣的地方,如历史遗迹或自然风光,这些选择反映了他们的个性和追求。

这种基于个性特质的目的地选择反映了游客对目的地的不同理解和追求。目的地通常不只是地理位置,更是激发人们深层情感共鸣、满足精神追求的理想之地。游客在挑选目的地时会根据个性和需求构建理想空间。深入理解游客如何选择心目中的目的地,有助于全面认识他们的行为和需求,同时也为旅游目的地的规划和开发提供重要参考。

人格,作为个体独特的心理品质总和,深刻影响着每个人的心理功能和外在表现。人格的独特性使每个人都成为不可复制的存在。然而,尽管每个人都是独一无二的,但是仍然可以在人与人之间找到某些可识别的相似之处,这些相似之处构成了人格的共性基础。人格的定义并非一成不变的,它很大程度上取决于研究者或定义者的理论取向。这种多样性使得人格的概念更像是一种构建的理论,而非物理意义上的客观存在。因此,人格研究需要考虑到不同理论框架下的多种解释。在众多关于人格的理论中,特质/类型方法被认为是最适合旅游行为研究的工具之一[125]。

特质理论将人格解释为一个复杂的、分层的特质结构。特质是一种"心理结构",它解释了行为的规律性和一致性。目前有许多特质模型,如五因素模型、十六因素模型、三因素模型和人格特质模型。人格特质是人格结构的组成部分,Hampson 等人提出了特质层次的概念,这是一种类型与特质之间的层次结构[126]。这种人格类型广泛地涵盖了众多具体的特征。例如,一个人可以被描述为"外向"(类型),其中一个特征可能是"健谈"。这些特征可以整合到一个层次模型中,该模型由顶部较少的、广泛的一般因素向下细分为越来越多的特定因素。特质/类型方法通过识别和划分不同的人格特质,帮助人们了解个体在旅游行为中的差异性和共通性。这种方法使得研究者能够更精确地预测和理解不同人格类型的游客在旅游过程中的偏好、动机和行为模式。

3.2.1 性格理论在旅游业中的应用

性格是个体在行为和情感反应上的稳定特征,长久以来,它一直被视为预测休闲活动决策的重要因素。然而,专门针对性格本身的研究相对较少。Ross

的观点进一步强调了性格研究在旅游领域的重要性[127]。他认为,随着对性格研究的不断深入,人们越来越能够理解游客的行为模式和心理动机。

性格与旅行决策之间的关系一直是研究者们关注的焦点。在这一领域中,Plog 的贡献不可忽视[128]。他是首位将性格类型理论应用于游客行为研究的学者,这一开创性工作在旅游文献中具有广泛影响,为后续的旅游研究提供了重要的理论基础。通过对不同性格类型的游客进行深入研究,他揭示了性格与旅游决策之间的内在联系。这一研究不仅有助于人们更深入地理解游客的行为模式,还为旅游业的相关人员为游客提供个性化服务提供了理论依据。然而,尽管 Plog 的研究具有开创性和重要性,但仍有人对其结论提出批评。一些研究者指出,由于性格类型的划分和测量具有一定的主观性和复杂性,因此很难完全从经验上验证 Plog 的结论。此外,旅游行为受多种因素影响,如社会文化、经济条件和个人兴趣等。这些因素可能与性格类型相互作用,使得性格与旅游决策之间的关系更加复杂。

关于 Plog 模型在旅游研究中的应用存在不同的声音。有些学者强调了 Plog 模型的价值和意义,他们认为这一模型为理解游客行为提供了有用的框架。然而,有些学者则持批评态度,他们指出了该模型在理论或实证上的不足,认为其结论并不总是有效[129,130]。面对这些争议,一些研究者采取了更为保守和谨慎的措施,他们选择使用更为成熟和广泛接受的性格测量工具来研究游客类型与性格之间的关系。例如,Gilchrist 等人利用 Zuckerman 寻求刺激量表,研究了冒险旅行和寻求刺激行为之间的关系,并发现冒险旅行者的得分显著较高[131,132]。这一研究为冒险旅游领域的个性特质研究提供了有力支持。Frew 和 Shaw 运用 Holland 性格类型理论,探讨了性格与旅游景点选择之间的关系[133,134]。他们的研究揭示了不同性格类型的游客在旅游景点选择方面的偏好差异,为旅游业的个性化推荐提供了理论依据。Holbrook 等人的研究则聚焦于浪漫主义这一性格变量与旅游渴望之间的关系[135]。他们发现,具有浪漫倾向的游客更倾向于选择具有冒险性的地方和具有温暖气候的地方作为旅游目的地。这一发现有助于旅游业更好地理解浪漫型游客的需求和偏好。McGuiggan 和 Foo 采用了荣格的理论框架,运用 Myers-Briggs 类型指标(MBTI)来测量旅游者的休闲活动偏好[136]。他们的研究结果表明,不同性格类型的游客在休闲活动选择方面存在显著差异,这为旅游业在提供定制化服务方面提供了有价值的参考。

3.2.1.1 Plog 的自向型-异向型模型

Plog 在游客性格类型/特质理论基础上，创造性地提出了自向型(psychocentrics)-异向型(allocentrism)模型[128]。他的研究初衷源于航空业的委托，旨在探究那些收入高于平均水平却选择不乘飞机旅行的人群的心理特征。通过深入采访和调查，Plog 发现这些人共享着一系列独特的性格特质。他们倾向于避免冒险，在日常生活中常感到焦虑，并认为自己的生活缺乏控制感。基于这些发现，Plog 将这些特征定义为"精神中心"(psychocentrism)，并将这部分人群称为自向型人群。然而，研究并未止步于此。Plog 进一步发现，与这些自向型人群相对的是另一类具有不同倾向的人群。他们表现出勇于冒险、自信等性格特点，这些特质被 Plog 称为异向型。这一发现为理解个体在旅游选择和其他方面的差异提供了重要视角。

为了全面描述人群中的性格分布，Plog 提出了"类自向型""中间型"和"类异向型"等概念(见图 3.1)，这些概念用以描述处于两个极端之间的个体。他发现，类异向型和类自向型的个体在人群中呈正态曲线分布，且略微向类异向型倾斜。这表明，在一般人群中，具有类异向型倾向的个体略多于类自向型者。随着时间的推移，Plog 对他的模型进行了更新和完善。他将原先的"类自向型"一词改为了"可靠"，以更准确地描述这一维度上个体表现出的稳定、谨慎和依赖性强等特点[137]。同时，他将"类异向型"一词改为了"冒险"，以更直观地反映这一维度上个体所具有的勇敢、自信和独立性强的特质。

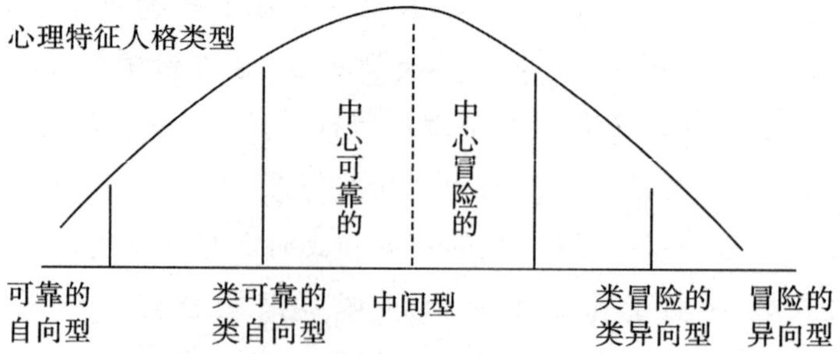

图 3.1 自向型-异向型模型

多年来，Plog 模型在旅游研究领域引起了广泛关注和讨论。尽管该模型为理解游客性格与旅游行为之间的关系提供了框架，但其适用性也引起了争议。游客的旅游动机和行为受多种因素影响，如个人性格、情境因素及旅游目的地特性等。根据 Andreu 等人的研究，游客在不同场合和情境下可能展现不同的性格倾向和行为模式[138]。例如，游客可能在一个注重活动的环境中享受冬季滑雪的刺激和冒险，而在另一个注重精神的环境中寻求放松和内心的平静。情境的多样性使得将游客归类为某一类型变得困难。

McKercher 对 Plog 模型的有效性提出了质疑[66]。他指出，每个旅游目的地所吸引的市场群体与该地点之间都存在独特的关系。这意味着目的地可能同时满足类异向型和类自向型游客的需求，并存于 Plog 模型的多个阶段。这一观点强调了目的地本身的多样性与复杂性，同时突显了游客与目的地之间关系的多维性。Hoxter 和 Lester 通过 Eysenck 性格量表（EPI）研究了类异向型和外向性之间的关系[129]。他们的研究结果显示，尽管总体上类异向型和外向性之间存在显著但不强的相关关系，但发现这种相关性在女性中更为显著，且与预期方向相反。这一矛盾的结果确实令人困惑，需要进一步研究以揭示其原因和机制。尽管存在争议和挑战，但 Plog 模型仍然具有一定的解释力和适用性。Nickerson 和 Ellis 的研究进一步结合了 Plog 的类异向型-类自向型维度与异向型维度，描述了不同游客的性格类型。他们发现类异向型和异向型之间存在适度的正相关，这为理解游客性格与旅游行为之间的关系提供了新的视角[139]。

Smith 被认为是对 Plog 模型最坚定的批评者之一，他对该模型提出了广泛质疑[140]。Smith 的研究重点是探索“类异向型-类自向型性格维度”与旅游目的地偏好之间缺失的关系。尽管他尝试在自己的研究中寻找这一关系，但并未发现显著联系，这对 Plog 模型的有效性构成了直接挑战。面对 Smith 的质疑，Plog 提出反驳，指出 Smith 的研究中存在几个关键问题，包括结构效度不足、不恰当的抽样方法以及对理论的错误应用。Plog 特别强调，由于 Smith 未采用其提出的量表，这可能导致了对模型的理解偏差[141]。

Smith 回应了 Plog 的反驳，指出在他的研究中，类异向型-类自向型性格维度呈现正态分布，这与 Plog 模型预测的偏向非自我中心的分布不符[140]。此外，Smith 发现，在其研究的样本中，只有少数亚组在类异向型-类自向型连续体上的表现能够有效预测实际的旅行行为，例如团体旅游与独立旅游。这一发现进一步质疑了 Plog 模型在预测实际旅游行为方面的有效性。然而，Plog 在随后的反驳中坚持自己的论点，认为 Smith 没有解决他在初次质疑时所指出的核心问题。Plog 指出，Smith 在评估该性格维度时使用了不合适的测量工具和分类方案，这可能影响了对模型的理解和应用，从而损害了研究结果的可靠性[142]。

这场学术争议揭示了 Plog 模型在旅游研究领域中的复杂性和多样性。虽然 Plog 模型为理解游客性格与旅游行为之间的关系提供了一个有价值的框架，但其适用性和有效性仍然受到部分学者的质疑和挑战。这也表明，在旅游研究领域，人们需要不断探索和完善理论模型，以便更好地解释和预测游客的行为和偏好。Litvin 在他的研究中对 Plog 模型进行了深入的总结和分析，并指出了该模型面临的一些主要批评[143]。以下是对这些批评的概述。

(1)尽管 Plog 模型在理论上构建得相当有说服力，但其实证表现却不尽如人意。具体而言，模型很少受到独立的经验验证，这在一定程度上削弱了模型的可靠性和有效性。缺乏充分的实证研究支持，模型难以在实际应用中发挥应有作用。

(2)Plog 模型未能充分考虑游客旅行动机的多样性。人们的旅行动机千差万别，包括休闲、探险、文化体验等多种因素。然而，该模型在解释这些不同动机时存在局限性，无法全面反映游客的真实需求和行为模式。

(3)Plog 模型假设游客本质上是类异向型的，但这一假设在实际应用中可能受多种因素影响，例如经济压力、时间安排或其他外部因素都可能导致游客在旅行过程中表现出不同的行为模式，如居中平衡点或精神中心的旅行模式。这进一步表明 Plog 模型在解释旅游行为方面的局限性。

(4)人的性格和行为复杂多变，用简单分类概括将游客归为“单一类别”的做法过于简化，忽略了游客之间的个体差异和多样性。因此，Plog 模型在解释和预测旅游行为时存在偏差。

(5)由于 Plog 模型主要基于美国游客的研究而设计，它的适用性和普适性也受到质疑。不同国家和地区的文化背景、旅游资源和旅游市场存在差异，这些因素可能影响游客的旅游选择和行为模式。因此，将 Plog 模型直接应用于其他国家可能存在问题。

(6)关于旅游经验对游客性格的影响，Plog 认为旅游经验可能使游客变得更加开放和冒险。然而，这一观点并非毫无争议。有些人认为，去不熟悉的地方旅行可能会使游客感到不安和封闭，而不是变得更加开放。这一争议进一步突显了Plog模型在解释旅游行为方面的局限性。

(7)虽然Plog模型提出了一个有趣的概念，但由于存在上述诸多局限性，它既不能有效地预测也不能充分解释大部分的旅游行为。因此，Plog模型在旅游营销领域的应用价值也受到质疑。旅游营销人员可能更倾向于使用能够更准确地反映游客需求和行为模式的模型和工具。

Litvin在重新测试Plog模型时得出了一项有趣的结论，该结论既支持Smith的质疑，同时也为Plog模型提供了辩护[143]。这一发现揭示了Plog模型在不同情境下的适用性和局限性。具体而言，当调查的前提是基于受访者的实际旅游模式时，Litvin的发现与Smith的质疑相吻合[143,140]。这表明在实际旅游行为方面，Plog模型可能无法有效地发挥作用或解释现象。实际旅游行为受经济、时间和个人偏好等多种因素影响，这些因素可能超出了Plog模型的涵盖范围。然而，当调查的焦点转向探索人们理想的目的地时，情况便有所不同。Litvin发现游客所表达的旅行愿望与Plog模型的描述高度一致。结果表明，在理想假期的旅行态度方面，Plog模型能够较好地捕捉和解释游客的心理特征和偏好。这可能是因为选择理想目的地更多地反映了游客的内心需求和期望，这些需求和期望恰好与Plog模型提出的类异向型-类自向型维度相契合。

3.2.1.2 Holland的类型学理论

Holland的类型学理论为理解和划分人的性格类型提供了一个有趣且实用的框架[144,145]。他提出的六种个人取向类型——现实主义(realistic)、调查(investigative)、艺术(artistic)、社会(social)、进取(enterprising)和传统(conventional)——不仅有助于人们更深入地理解个体的差异，还为教育和职业规划提供了宝贵的指导。首先，这六种类型的个体各自具有独特的特征、活动倾向、兴趣和能力。例如，现实主义型的人往往喜欢具体和实际的任务，他们在手工、机械等领域表现突出；调查型的人则更倾向于研究和分析，对科学和数学等领域充满热情；艺术型的人富有创造力和想象力，在文学、艺术等领域展现出独特才华；社会型的人善于与人交往，通常热衷于教育和公共服务等领域；进取型的人具有领导才能和竞争意识，在商业和管理等领域往往能取得卓越成就；而传统型的人注重秩序和稳定，在会计、行政等领域表现出色[133]。

为了实际应用这一类型学理论，Holland 设计了职业偏好量表（VPI）和自我导向搜索量表（SDS）。这些量表通过一系列的问题和测试，帮助个体识别自己的性格类型，并为其未来的教育和职业规划提供指导。例如，喜欢画画和创作音乐的学生可能在 VPI 和 SDS 测试中表现出艺术型的特点，那么他的教育和职业规划可能会更多地围绕艺术和设计领域展开。此外，Holland 的类型学理论还有助于人们理解不同性格类型之间的兼容性和冲突。例如，具有某些性格类型的人可能更容易在特定的工作环境中取得成功，而与其他类型的人合作时可能会遇到挑战。因此，了解个体的性格类型不仅有助于个人发展，还有助于提高团队协作和组织效率。

Holland 在 1997 年对其理论进行了扩展，将性格类型与环境形象联系起来，这是一次具有深远意义的进步[145]。他提出的观点是当外部环境模式和个体性格模式相契合时，人们更容易感受到环境的强化和满足，为人们理解人与环境的互动提供了新的视角。Holland 认为，性格类型与环境形象之间关系和谐一致，且相似性越强，个体的满意度会越高。这一观点强调了环境对个体性格的塑造和强化作用。一个一致的环境，即包含了具有相似兴趣、价值观、特征的人，更有可能激发个体的兴趣和投入，从而使其产生更大的满足感。在过去的几十年里，Holland 的理论得到了广泛的应用和验证，大量实证研究，如 Hyland 和 Muchinsky 以及 Taylor 等人的研究，都为其理论提供了有力的支持[146,147]。这些研究不仅证实了性格类型与环境形象之间的密切关系，还进一步揭示了这种关系对个体满意度和成就的影响。值得注意的是，虽然大多数实证工作集中在教育和商业部门，但 Holland 坚信他的理论可以应用于更广泛的领域，包括非职业和娱乐活动。这一观点表明，Holland 的理论具有广泛的适用性，可以为人们理解不同领域中的个体行为和环境互动提供指导。

Frew 和 Shaw 根据 Holland 的理论推断性格类型与选择旅游景点及度假活动存在紧密联系[133]。他们提出，旅游景点若与特定性格类型偏好的环境相吻合，这类人群更可能对景点感兴趣并选择前往。这一理论为旅游业的市场细分和目标市场定位提供了新视角。不同性格类型的人倾向于不同类型的旅游目的地，例如，现实主义者偏好自然风光和户外活动，艺术型的人可能更钟情于文化底蕴深厚的古镇或艺术氛围浓厚的城市，社会型的人则可能选择强调人文关怀和社会责任的旅游项目。因此，旅游目的地可以根据自身特色和资源，满足不同性格类型的游客需求。

在度假活动的选择上，性格也扮演着关键角色。一些人可能寻求冒险和挑战，参与极限运动或探险；而另一些人或许更看重休闲放松，选择瑜伽或冥想等活动。了解游客的性格类型有助于目的地和旅行社提供个性化服务，从而提升游客满意度和体验质量。环境满意度和体验享受程度能反映游客性格与环境的一致性。性格与环境匹配时，游客更容易产生积极情绪和体验，提高对目的地和活动的满意度；反之，则可能导致不适或失望。

Frew 和 Shaw 的研究是应用 Holland 的类型学理论于旅游行为领域进行的重要实证探索[134]。该研究深入分析了性格、性别与旅游行为间的复杂关系，提供了如何基于性格和性别选择旅游目的地的见解。核心发现包括：尽管某些旅游景点呈现了性格与性别的显著互动，但在研究中有 8 个景点未显示这种模式。Frew 和 Shaw 的解释为：这些景点或许具有普遍吸引力，适合各种性格和性别的游客，无显著偏好或差异。这表明旅游目的地吸引力受多种因素影响，不单单取决于游客的性格或性别。研究还指出，某些景点在性格、性别和旅游行为方面显示出明显差异，证实了 Holland 的类型学理论在旅游行为研究中的适用性，并提示人们在应用理论时需考虑具体情况，对其进行灵活调整和分析[145]。

3.2.1.3　荣格的心理类型理论和 Myers-Briggs 类型指标

荣格的心理类型理论是一种深入探索人类性格多样性的理论框架。它基于荣格对人类心理过程的深入理解，提出了三个关键的维度来区分和描述不同的心理类型。

内向与外向的倾向是荣格心理类型理论的核心维度之一。这一维度反映了个体意识关注的主要方向以及精神能量的分配。内向者倾向于把更多能量投向内心世界和对潜意识的探索，往往更为深思熟虑并重视内在体验；而外向者则倾向于把更多能量用于外部世界和社交互动，通常表现得更为活跃、开放并擅长交际。该维度的特征在较大程度上受社会影响，这不仅塑造了人们与人互动的方式，也影响人们在社交场合中的行为表现。荣格认为，内向与外向的倾向通常是一生中较为稳定的性格特征。然而，荣格也指出，其他维度描述的性格特征理论上有可能随着个性的成长而发生变化。这种观点为人们提供了乐观的视角：尽管一些性格特质可能是根深蒂固的，但人们仍有潜力通过努力和自我成长来改善和提升其他方面的能力。此外，荣格的心理类型理论不仅聚焦于个体的性格特征，还强调了这些特征在个人成长和社会交往中扮演的重要角色。荣格认为，洞察个体的性格类型能够帮助人们更深入地理解他们的行为模式、情绪响应和思维逻辑，进而提高与他们沟通和互动的效率。

在荣格的心理类型理论中，思维和感觉被视为意识的两个功能维度，它们深刻地揭示了个体在做出判断时所采取的不同方式。思维类型的人倾向于依赖逻辑和理性来进行决策，注重事实、数据和逻辑推理，往往能够冷静客观地分析问题。感觉型的人则更倾向于基于情感和价值观来做判断，容易受到个人情感、直觉和内心体验的影响，表现出较为感性和主观的决策风格。感觉型的人通常拥有丰富的情感记忆，这些情感记忆包含喜悦、兴奋及羞耻等体验[148]。这些记忆不仅影响着他们的决策过程，也塑造着他们的性格特征和行为模式。相较之下，思维类型的人可能更侧重于逻辑分析和客观事实，情感记忆在他们的决策中扮演较为次要的角色。此外，有研究表明，具有外向思维类型的人在自信测试中通常得分较高。这可能是由于外向的人更擅长表达自己的观点和想法，他们更加自信、果断，能够轻松应对各类社交场合。而思维类型的人的逻辑性和客观性也使他们更能够理性地评估自己的能力和价值，进而展现出更高的自信水平。

荣格的心理类型理论中的感觉-直觉维度揭示了人们在感知世界时的不同方式。感觉型的人倾向于依赖感官来接收和解读信息，他们注重具体、有形、直接的体验，善于关注细节和事实。这种感知方式使得感觉型的人在实际生活和工作中表现出较高的实用性和可靠性。相对地，直觉型的人则更倾向于通过非感官的方式来获取和处理信息，他们善于把握全局和整体，能够看到事物的内在联系和潜在意义。直觉型的人通常具有丰富的想象力和创造力，能够洞察到感觉型的人可能忽视的无意识层面的内容。这种感知方式使得直觉型的人在艺术、哲学和理论思考等领域表现出较高的天赋和潜力。研究表明，直觉型的人似乎更擅长从面部表情中解读情感，这可能与他们能更加敏锐地察觉和理解非言语信息的能力有关[149]。此外，在对大学新生的研究中发现，直觉型的人倾向于获取更广泛的关于大学项目的建议信息，他们更注重把握整体和潜在可能性;而感觉型的人则更倾向于关注事实和细节,选择更具体和集中的建议。

Myers 等人开发的 Myers-Briggs 类型指标(MBTI)是一个广泛应用于心理类型测量的工具[150]。这一工具旨在量化荣格的心理类型理论,并为个体提供了一套全面的性格描述。在 MBTI 中,除了继承荣格心理类型理论的三个维度外,还增加了一个维度——判断-感知。判断-感知维度关注的是个体在面对外部信息和情境时,更倾向于下决定还是保持开放的态度。判断型的人通常喜欢有序、计划和结构,他们倾向于迅速做出决策并坚持自己的观点。而感知型的人则更加灵活、开放,乐于接受新的信息和体验,往往不急于做出决策。Cloninger 探讨了判断-感知维度与冲动性之间的关系[151]。他的研究表明,感知型的人可能更容易受到冲动的影响,因为他们更注重当前的体验和感受,相对不太考虑长远的后果。而判断型的人往往更倾向于抑制冲动,因为他们更重视计划和目标,更倾向于基于长远利益做出决策。

然而,需要注意的是,MBTI 与冲动性之间的关系并非绝对的,这种关系可能受到多种因素的影响。每个人的性格特征都是复杂且独特的,无法简单地用一两个维度来完全描述。因此,在使用 MBTI 或其他心理类型工具时,我们应保持开放和审慎的态度,将其视为一种参考而非绝对标准。

Gountas 等人运用荣格心理类型理论和 MBTI 量表,对旅游消费心理进行了持续两年的研究[152]。该研究识别出四种主要的性格类型:思维/逻辑导向、物质导向、情感导向和感知/直觉导向。这些类型不仅提供了理解个体如何基于性格特征选择旅游产品和服务的框架,还揭示了不同性格类型的个体在旅游消费过程中的偏好和动机。

思维/逻辑导向的个体在旅游决策中可能更注重逻辑分析和理性判断,倾向于选择那些提供明确信息和价格合理的旅游产品。物质导向的个体关注旅游产品的实际效用和物质价值,倾向于选择能满足其物质需求和享受的产品。情感导向的个体在旅游中可能更注重情感体验和连接,倾向于选择能提供温馨、舒适和愉悦氛围的目的地和服务。感知/直觉导向的个体则追求新颖、独特和富有创意的体验,倾向于选择能提供新鲜感和启发性的旅游产品。

此外,Gountas 等人还强调了 MBTI 在咨询和组织环境中作为非精神病学人格识别工具的广泛应用[152]。MBTI 的有效性和实用性已得到广泛认可,它能帮助人们更准确地了解个体的性格特征和行为模式,从而使旅游行业中的相关人员为游客提供更个性化和精准的服务。

McGuiggan 巧妙地将荣格的理论与 MBTI 量表应用于休闲活动选择的研究，为人们揭示了性格变量与休闲活动之间的紧密联系[153]。他通过测量休闲偏好和实际选择，进一步证实了性格特征在休闲活动选择中的重要作用。鉴于休闲旅游本质上也是一种休闲活动[74]，因此可以合理推测，性格与旅游偏好之间应该存在类似的关系[136,153]。这意味着，具有不同性格类型的个体或许会对不同类型的旅游目的地和活动产生不同的偏好。

在探讨性格与旅游选择之间的关系时，McGuiggan 提出了几个重要的模型和建议，这对于人们深入理解这一关系具有重要的指导意义。首先，他建议人们在衡量旅游目的地时，应该更多地关注其属性，而不是仅仅看其表面的名称或标签。这样，人们可以更准确地把握不同目的地之间的差异，以及这些差异如何与个性特征相互作用。其次，McGuiggan 强调性格应当是游客偏好的预测因素，而不是选择本身[136]。这意味着，人们可以通过分析游客的性格特征来预测他们或许偏好的旅游类型，但这并不意味着性格会直接决定他们的最终选择。实际上，游客的选择还会受到其他多种因素的影响，如时间、预算、家庭或朋友的意见等。最后，McGuiggan 提醒人们在研究性格与旅游选择之间的关系时，应当考虑其他约束变量的作用[153]。这些约束变量或许包括个人经济条件、健康状况、文化背景等，它们都可能对游客的旅游选择产生重要影响。

3.2.2 性格测试

在关于性格与休闲行为关系的研究中，尽管研究者使用通用性格量表来衡量个体差异，但这些研究缺少一个能够解释休闲相关行为并区分休闲特定性格差异的理论框架[154]。这表明人们虽然有衡量性格的工具，但缺少理论基础来理解性格如何影响休闲方式选择和休闲行为。Nias 进一步强调了问题的复杂性。他表明，大多数研究都无法证明性格和休闲行为之间存在强烈的联系[155]。性格是一个复杂且多维的人格特征，而休闲行为同样受到个人兴趣、社会环境、经济条件等多种因素的影响。因此，要准确揭示两者之间的关系，需要更深入的研究和更精细的分析。Iso-Ahola 的批评更为直接。他指出，之前的研究未能清晰定义变量的操作方式，也未依据理论纳入具体活动[74]。这暗示这些研究在方法论上存在缺陷，可能导致结果的不准确或解释力的不足。Iso-Ahola 还强调了性格测量缺乏一致性的问题。不同的研究可能使用不同的性格量表或衡量标准，这使得结果的比较和整合变得困难。

Gountas 等人对现有类型学的批评非常中肯。他们指出，这些类型学方法主要依赖于主观假设对研究结果进行分类，缺乏充分的消费者行为和决策过程理论基础[152]。这意味着，这些类型学在解释和预测消费者行为上可能存在局限性，因为它们未能充分考虑行为、情境因素及性格特征间动态且同步的互动。根据 Gountas 等人在旅游文献中的观点，先前的研究常忽略这些关键变量间的复杂联系。为了更准确地理解旅游行为，需综合考量个体性格、所处情境和具体行为。只有在全面考虑这些因素后，人们才能更深入地理解游客的决策和行为模式。

而 MBTI 作为一种广泛应用的性格评估工具，在 Gountas 等人看来，具有成为研究旅游行为可靠工具的潜力[152]。他们认为，只要人们考虑到行为、情境因素与性格特征之间的相互作用，MBTI 便能为人们提供更深入、更全面的建议。事实上，McGuiggan 的研究证明了 MBTI 与休闲偏好研究的相容性。通过结合 MBTI 和其他相关理论，人们能够更深入地探索游客的性格特征如何影响他们的休闲偏好和旅游选择[153]，这对于旅游从业人员为游客提供更加个性化和精准化的服务具有积极意义。

McGuiggan 等人在澳大利亚的研究是对 Yiannakis 和 Gibson 研究的重要复制和扩展[136,156]。他们通过应用 MBTI 性格测试工具，深入探索了性格与游客行为之间的关联。该研究验证了 15 种休闲游客角色的有效性，并利用 MBTI 的三个维度——能量获取（外向与内向）、信息获取（感觉与直觉）以及决策制定（思考与情感）——让人们对这些角色的基本需求有了深刻的理解。这些维度有助于区分不同类型的游客，并揭示他们在旅游过程中的基本需求。例如，内向型（I）游客更可能选择安静、私密的旅游环境，而外向型（E）游客则偏好热闹、社交的旅游体验。同时，他们的研究强调了性格与游客行为之间的动态关系[136]。他们指出，性格特征不仅影响旅游选择和行为，旅游经历也会对性格产生影响。这种相互作用使得性格与游客行为的研究更加复杂和有趣。

MBTI 是一个深受人们欢迎且广泛应用的性格评估工具。MBTI 通过四个关键的二分类维度来描绘一个人的性格轮廓：能量获取（外向与内向）、信息获取(感觉与直觉)、决策制定(思考与情感)以及生活态度(判断与知觉)。MBTI问卷设计巧妙,采用强迫选择、自我报告和自我管理的方式,特别适用于正常受试者。这种设计确保了问卷的易用性和准确性,使被试者能够根据自己的真实感受和偏好做出选择。关于 MBTI 的信度和效度,众多研究已予以支持[157,158]。由于其易于获得、管理和评分的特点,MBTI 问卷在测量个体性格特征方面具有较高的信度和效度,能够较为准确地反映一个人的性格类型[159]。

有多种论点支持 MBTI 类型与游客行为之间存在联系。首先,荣格和迈尔斯的理论都主张,具有相似性格特征的人在面对生活中的不同情境时,反应往往类似。由此推论,这些个体可能也会偏好相似的旅游体验。学者们已经研究了 MBTI 类型与休闲活动选择之间的关联[160,161]。此外,大量数据证实了MBTI 类型与职业选择之间存在联系。研究者如 Iso-Ahola 和 Kabanoff 等人提出,职业、休闲活动和度假方式的选择受到性格等变量的影响。鉴于已有充分证据表明 MBTI 类型与职业选择相关联,因此推测性格类型与度假方式的选择之间存在相似的关系是合理的[74,162]。

与信息搜索和决策过程有关的消费者行为理论与 MBTI 的感知-直觉和思维-感觉维度之间的相似性为人们提供了一个新的视角,即可利用 MBTI 这一工具深入理解个体在收集信息和做出决策时的心理过程。消费者常根据自身的需求、偏好和情境,积极主动地搜索相关信息,并在此基础上进行权衡和选择。MBTI 的感知-直觉和思维-感觉维度恰可描述个体在获取及处理信息时的不同偏好。感知型个体更注重细节和事实,而直觉型个体则更善于把握全局和捕捉潜在趋势;思维型个体更倾向于客观分析与逻辑推理,而感觉型个体则更侧重于情感和个人价值观。这可以帮助人们更深入地了解不同个体在消费决策中的心理差异,进而为市场营销和产品设计提供更加精确的指导。

此外,MBTI 在组织行为学领域中的研究证明,MBTI 能够有效地评估高级管理人员的决策风格[163]。高级管理人员作为组织中的关键决策者,他们的决策风格往往会对组织的战略和运营产生深远的影响。因此,通过 MBTI 了解高级管理人员的决策风格,有助于提升组织的决策质量和效率。虽然 MBTI 在消费者研究中的应用相对较少,但正如 Shank 和 Langmeyer 所指出的那样,MBTI 具有成为营销人员理想人格清单的潜力[164]。旅游选择也是一种典型的消费者决策行为,也可以通过 MBTI 来深入探索。通过 MBTI 的测量,人们可以更好地理解不同性格类型的游客在旅游选择中的偏好和决策过程，从而为游客提供更加个性化和精准的服务[136]。

Plog 的非自我中心和精神中心量表在旅游行为研究领域中的应用虽然提供了独特的视角，但其有效性和可靠性受到了质疑。这一质疑主要源于量表设计本身的局限性以及与其他成熟性格测量工具的对比。相比之下，作为心理学领域广泛应用的测量工具，艾森克人格量表（Eysenck personality inventory，EPI）的信度和效度已得到众多研究的支持[125]。

Jackson 等人的研究为人们理解艾森克外向性维度与 Plog 量表之间的关系提供了重要视角[125]。他们发现外向性和非自我中心性是两种独立的性格结构。这一发现对于理解游客行为及其与目的地选择之间的关系具有重要意义，表明人们不能简单地将非自我中心性等同于外向性。Nickerson 和 Ellis 的研究也支持了这一观点[139]。他们提出从外向性和非自我中心性两个维度来描述游客，这种描述方式更加全面和细致，有助于人们深入理解游客行为背后的心理机制。基于这两个维度，Jackson 等人进一步提出了四种与游客行为相关的性格类型：探索者、冒险者、向导和组团者。这种分类不仅具有理论意义，而且对旅游业的实践应用提供了有益指导[125]。例如，旅游从业者可以根据游客的性格类型定制个性化的旅游产品和服务，从而提升游客的满意度和忠诚度。

3.3　游客体验

3.3.1　游客体验的概念

了解游客体验是了解游客整体满意度的重要途径，也是旅游研究和实践中不可忽视的重要方面。人们需要从多个角度深入研究和探讨旅游体验的本质和特征，以更好地满足游客的需求，提升旅游业的竞争力。对旅游体验的早期研究可追溯到 20 世纪 60 年代。Boorstin 认为旅游体验往往是人为和不真实的，游客在旅游过程中更多地是在体验一种被构建和包装过的环境，而非真实的文化或自然景观[9]。这反映了当时工业化社会下大众旅游的一种普遍现象。然而，MacCannell 认为游客旅行并非仅仅是为了追求表面的愉悦和放松，更是为了寻找在日常生活中难以获得的真实性[165]。这种真实性可能是一种文化的、历史的或自然的体验，它让游客能够暂时逃离日常生活的压力和束缚，追求一种更深层次的精神满足。MacCannell 的观点强调了旅游体验中真实性的重要性，以及游客对于寻求真实体验的渴望。

人类社会是复杂多样的，每个人都拥有独特的文化背景和身份认同，这些因素在很大程度上塑造了他们与自身文化根源的关系，以及对旅游体验的追求[166]。Cohen 认为，旅游体验并不仅仅是追求简单的快乐，更多时候是寻求一种有意义的经历，这种经历源于游客与各种旅游景点、文化中心以及服务场所之间的复杂互动。这些“中心”在日常生活中与游客自身的社会背景紧密相连，而在旅行过程中，这些“中心”则与其他文化产生关联，为游客提供了全新的体验和认知。通过现象学的研究方法，Cohen 进一步将个体分为两大类：现代朝圣者和寻找快乐者。现代朝圣者是指那些坚持自己社会中心的价值观、认为自己的日常生活充满意义的人。他们不仅欣赏自己文化的美好，也喜欢观察和体验其他文化的真实生活，并从中汲取智慧和灵感。相比之下，寻找快乐者则更倾向于脱离日常生活的目标和价值观，他们在一个没有固定中心的空间中寻找乐趣和快乐，追求一种无拘无束、自由自在的旅行体验。

Uriely 对旅游体验提出了新的研究视角。他认为，研究重点应从日常生活与旅游的差异转移到对差异化的再认识上，这意味着需要仔细区分旅游体验与日常生活体验之间的细微差别，以及这些差别如何随时间和环境的变化而演变[167]。Uriely 还提倡应该从单一的概括走向对旅游体验多元化的描述，强调旅游体验的多样性和复杂性。他强调研究应更多地关注游客的主体性，突出了游客个人的主观性和主动性对于旅游体验的重要性。他呼吁研究者放弃对立和绝对的陈述，转而采用相对和互补的解释方式，体现出对旅游体验研究持开放和包容的态度，并认为不同的解释和观点都有其合理性和价值。

Uriely 的论点根植于后现代主义理论。后现代主义倡导对多样性与丰富性的重视，主张现实是由各种声音、观点和经验编织成的错综复杂的“网络”。因此，作为一种生活体验，旅游同样应当被视为一个多元、复杂且不断变化的过程。在这个过程中，游客个人的主观解释及对意义的感知是塑造其体验的关键要素。Larsen 的研究也提出了相似的见解。他视旅游体验为一项极其复杂的心理活动，它涉及个体的期望、记忆与感知等众多层面[168]。Larsen 特别强调了个体差异在研究旅游体验时的核心作用，并指出每个人的旅游体验都是独特的，它们受到个人的历史背景、所经历的事以及情绪状态等多种因素的深刻影响。

3.3.2　游客体验的测量

多年来，对旅游体验的研究始终围绕目的地的自然环境及游客的主观体验进行。这种主观性不仅体现在游客对景点的感受上，还深入影响他们对整个旅行过程的评价。研究者们致力于探索哪些因素可能决定了游客的愉快或不愉快的体验，以期提供更优质的旅游服务。Graefe 和 Vaske 提出，要深入理解旅游体验，需先了解游客的动机和感知。他们认为游客的体验会受到其他游客及地区娱乐用途等多因素影响[169]。这一观点揭示了旅游体验的复杂性和多元性，提示人们在研究过程中需要综合考虑多种因素。随着研究的深入，量化研究在测量和预测游客行为及满意度方面变得日益重要。通过量化方法分析游客的行为模式和满意度水平，为旅游业的发展提供了有力的数据支持。满意度是旅游体验研究中的重要指标，它反映了游客对旅游体验的整体感受。

在旅游体验的研究中，游客对目的地的感知和满意度逐渐成为研究的焦点。Arnould 和 Price 对科罗拉多河流域漂流的非凡体验进行了深入研究，并提出了体验的三个重要维度[170]。这些维度包括与自然的交流，在漂流过程中与朋友、家人和陌生人形成的“社区”感，以及个人成长和自我更新的体验。这些维度的提出不仅丰富了旅游体验的理论内涵，也为后续研究提供了重要的参考。他们的研究结果显示期望和对非凡体验的满意度之间存在微弱的联系。这一发现挑战了传统观念认为期望与满意度紧密相关的看法，暗示着在旅游体验中，其他因素如实际体验的质量、游客的个人特质等可能对满意度产生更为重要的影响。与此同时，Sternberg 提出了使用图像学方法来研究图像对旅游体验的影响。他以尼亚加拉大瀑布为例，通过深入分析瀑布的图像构成元素，揭示了图像如何塑造和传达独特的主题和情感[171]。Sternberg 的研究表明，图像不仅是旅游目的地的一种展示方式，更是影响游客感知和体验的重要媒介。通过图像，游客可以在心中构建对目的地的预期和想象，进而影响他们在实际旅行中的体验和感受。

回顾旅游体验研究的历史，人们可以看到其维度的多样性。不同学者从不同角度探讨了旅游体验的丰富内涵。其中，享乐主义消费体验和学习体验被视为两大主流视角，受到了广泛关注。旅游不仅是一种身体上的活动，更是一种精神上的享受。游客在旅行中追求身心的愉悦和放松，通过体验不同的文化和风景，获得独特的感官享受。旅游也是一种重要的学习方式，通过旅行，游客可以了解不同的文化、历史和社会背景，从而拓宽视野，增长见识。Jansson 进一步将旅游体验细分为现实享乐主义和想象享乐主义[172]。现实享乐主义者倾向于重新体验某种特定的身体快感，并喜欢前往相同或相似的目的地。而想象享乐主义者则不断寻求新的地方和活动，通过媒介化过程产生的想象享乐主义制度可满足他们对新经验的渴望。这两种类型的旅游体验并非完全独立的，而是相互交织的。Laing 和 Crouch 的研究则为人们揭示了另一种特殊的旅游体验，即精神上的旅行。他们通过叙事分析的方法研究了边疆旅行者，这些旅行者喜欢前往遥远而独特的地方，如沙漠、山脉和外太空。他们寻求的不仅是身体上的旅行，更是一种精神上的满足，他们渴望体验神话、想象和戏剧元素[173]。

3.3.3 目的地满意度

旅游者的满意度是评价旅游目的地的营销是否成功的重要因素，这一点在业界和学术界都获得了广泛的认可。满意度不只关联着游客是否会再次访问，它还直接关系到目的地的口碑和品牌形象。因此，在制定营销策略时，满意度便成为管理组织的核心关注点。

根据 Oliver 提出的理论，消费者满意是一种心理状态，产生于消费者对不确定期望的情绪与先前的消费体验感觉相结合之时[174]。这一概念为理解游客满意度提供了一个有益的分析框架。人们应该认识到，满意度远不止一个简单的“满意”或“不满意”的判断，它是一个复杂的心理状态，涉及游客的期望、感受和评价等众多方面。因此，为了提升游客的满意度，人们必须全面考虑并满足他们的多样化需求。

因为满意度涉及游客的主观感受和个体差异，不同游客对同一旅游产品或服务的评价可能存在差异。因此，在测量游客满意度时，需考虑多个层面和维度。最被广泛接受的旅游满意度观点主张在三个层面上综合评估总消费体验：

整体满意度、维度满意度和产品服务满意度[175]。整体满意度反映了游客对旅游目的地的整体印象和感受，维度满意度关注游客对旅游目的地的各个组成部分（如住宿、餐饮、交通等）的考量，而产品服务满意度则更侧重于对具体旅游产品或服务的考量。这一评估过程基于游客个体的情境决策，即游客会根据自身的期望和体验来评估对旅游目的地的满意度。

由于满意度的复杂性和主观性，准确测量游客满意度变成了一个挑战。然而，这又是设计符合游客需求和期望的产品时，目的地管理组织人员需考虑的关键因素。为解决测量问题，研究者们提出了多种理论和模型。这些模型旨在通过量化指标和问卷调查等方式，更准确地捕捉游客的满意度水平，从而为目的地管理组织提供针对性的改进建议。

Yüksel 对消费者满意度理论的总结，为人们提供了多种视角来理解游客满意度这一复杂现象[175]。在早期的研究中，Festinger 提出了失调理论（dissonance theory），该理论被用来探究消费者的期望相对于实际体验如何影响他们对产品和服务的评价[176]。按照此理论，消费者期望的与实际获得的产品或服务价值不一致时，可能会产生不和谐感，从而影响他们的满意度。尽管如此，失调理论并没有获得普遍认可，它的有效性和可靠性受到了包括 Oliver 和 Yi 在内的一些学者的质疑[177,178]。

随后，学者们提出了同化-对比理论（assimilation-contrast theory），并开始受到关注。该理论的研究表明，消费者能够在一定程度上容忍和处理不适感。然而，一旦不适感超过了某个阈值，它便会转化为不满[179,180]。尽管如此，这一理论的应用范围也受到了限制，因为其研究结果主要基于实验室环境下对简单产品（例如圆珠笔）的研究。因此，其在复杂消费情境中的适用性已经受到其他学者的质疑。

为了弥补这些理论的不足，Oliver 采纳了水平理论（level theory）的某些元素，并发展出了期望失望范式（EDP）[177]。这一范式更加关注消费者所期望的与实际体验之间的匹配程度，以及这种匹配度如何影响满意度。此外，归因理论、重要性表现模型（IPM）、价值感知理论、评价一致性理论以及公平理论等，都是消费者满意度研究领域涌现的重要理论。在这些理论中，EDP 和 IPM 受到了广泛的关注。EDP 强调消费者的期望与产品或服务的实际表现之间的对比过程，及其如何影响消费者的情感反应和满意度判断。而 IPM 则关注消费者感知的产品或服务属性的重要性与实际表现的匹配度,以此来解释满意度。

3.3.3.1 期望失望范式

期望失望范式是消费者满意度研究领域中的一个重要理论框架。该范式假设消费者在购买商品和服务之前,会对预期性能形成购买前的期望。这些期望通常基于过去的经验、所要购买商品或服务的口碑、广告和其他信息来源。在消费或体验产品后,消费者会将购买的结果与最初的预期进行比较,并根据比较结果进行适应性的调整。如果消费或体验的结果与消费者的预期不同,就会产生不一致感,这种不一致感可以是积极的(当结果超出预期时),也可以是消极的(当结果低于预期时)。当结果与期望匹配时,消费者会感到一种确认感,即他们的期望得到了满足。

满意度被视为期望(或适应)水平和确认性感知的函数。换句话说,消费者的满意度不仅取决于产品或服务的实际性能,还取决于这种性能与消费者期望之间的比较结果。普遍而言,这种确认性在更抽象的情感层面发生,而非仅限于客观属性层面。消费者在评价满意度时会考虑他们的整体情感反应,而不仅仅是产品或服务的具体特点。期望失望范式在消费者行为研究领域具有广泛的应用价值。它有助于解释为什么面对相同的产品或服务性能时,不同的消费者可能会有不同的满意度评价。该模型还为营销专家提供了宝贵的指导,助力他们管理消费者期望,并通过优化产品或服务性能来满足甚至超越这些期望,进而增强消费者满意度和品牌忠诚度。然而,应当注意的是,这一模型并非没有缺陷。一些研究表明,在某些情况下,消费者的满意度可能受到其他因素的影响,例如情感反应、个人特质或情境因素等[181]。因此,在应用该模型时,需要综合考虑多种因素,以获得更准确和全面的消费者满意度评价。

在期望失望范式的理论框架下,对游客满意度的研究不仅深化了人们对有形产品与服务满意度的理解,更将研究焦点拓展到旅游领域。这些研究揭示,游客满意度受到各种期望的影响,其中认知期望和情感期望尤为关键[182,183]。认知期望是游客通过旅行经历形成的对外部信息的信念和判断。这些信念和判断可能是基于过去的旅游经验、旅行宣传资料、朋友和家人的建议,或是其他游客的评价和反馈。如果旅游目的地的实际表现达到或超出游客的认知期望,通常会提高游客的满意度。同时,情感期望在游客满意度中也扮演着不可或缺的角色。情感期望指的是游客在访问目的地时所期待的感觉和情感，如兴奋、放松、愉悦等。当目的地能够成功地唤起游客所期望的情感体验时，他们的满意度水平也会相应提高。

此外，目的地形象在整体目的地满意度中扮演着重要角色。积极的目的地形象能提高游客的期望，并在体验过程中增加他们的满意度。相反，负面形象可能会降低游客预期，即使实际体验良好，也可能因期望与现实之间的差距感到不满。然而，Del Bosque 和 Martín 的研究提供了一个有趣的例外。他们发现，游客对目的地的正面不确定性期望越高，满意度也越高[182]。这表明，在某些情况下，高期望不仅不会导致失望，反而可能由于期望的多样性或灵活性，游客更易感到满意。同时，关于游客高期望与积极体验失实之间的关系存在争议：一方面，有人认为高期望可能导致对目的地的挑剔和不满；另一方面，有观点认为高期望可能激发更多积极情感和体验，从而增强满意度。

Chi 和 Qu 强调了在满意度研究中考虑属性层面的重要性，这是对一般层面研究的有益补充和深化[184]。他们指出虽然过往的研究主要集中在整体满意度上，但是针对各个属性层面的满意度也同样关键。他们认为，游客对不同属性的评价可能有所不同，而这些差异会直接影响他们的整体满意度。Oliver 的研究进一步证实了这一点，他明确表示整体满意度受到属性满意度的影响[183]。Oliver 在研究中详细探讨了目的地形象、属性满意度、整体满意度以及目的地忠诚度之间的关系，并发现目的地形象和属性满意度对整体满意度有显著的正向影响。这一发现突显了属性满意度在形成整体满意度过程中的关键作用。

具体到旅游目的地的研究，Chi 和 Qu 提出了一个包含旅游目的地形象维度和属性满意度维度的全面而细致的分析框架[184]。然而，关于哪些类型的目的地属性对整体满意度影响较大，目前尚无明确答案。这可能是因为不同游客对不同属性的重视程度存在差异，同时各目的地的属性特点也不尽相同。此外，尚未有研究探讨现有研究设置是否适用于虚拟地环境。虚拟地通常是指那些通过营销手段或虚构故事创造出来，具有强烈吸引力的旅游目的地。在这种环境下，游客的期望和体验可能更为复杂多变，因此研究其满意度可能更具挑战性。尽管如此，这也为未来的研究提供了新的方向和可能性。

3.3.3.2 重要性表现模型

重要性表现模型在酒店和旅游研究领域的应用非常广泛，该模型已证实是确定消费者满意度的有效工具。重要性表现模型的核心观点是消费者对产品或服务属性的重要性和实际表现(也称为信念)的感知,这直接影响他们的满意度水平。具体来讲,重要性表现模型强调消费者对特定产品特征的感知的重要性,这些特征可能包括服务质量、设施条件、价格合理性等。消费者会根据自己的认知,评估这些特征的重要性,并将其与实际体验到的产品或服务的表现进行对比。如果产品或服务在重要属性上的表现满足了消费者的期望,那么消费者的满意度就会相应提高。

与期望失望范式相比,重要性表现模型更侧重于从消费者对属性及其表现的评价出发,来理解和预测满意度。这一模型可以被视为期望失望范式的一个改进版本,因为它更直接地关注了消费者对属性及其表现的感知,而不是仅仅关注期望与结果之间的比较。尽管重要性表现模型在多个领域中都有应用(包括旅游、休闲娱乐、教育和医疗保健营销等),但在目的地满意度的研究上,其应用仍然有限且不全面。这可能是因为目的地满意度涉及更多复杂的因素,如文化、环境、个人经历等,这些因素可能难以用单一的重要性表现模型来全面衡量[185]。

Fuchs 和 Weiermair 的研究为人们理解目的地满意度提供了新的视角[186]。他们运用重要性网格对目的地满意度进行了深入的基准测试,识别出 19 个关键属性,并根据其重要性进行了分类。这些发现揭示了哪些因素对游客满意度具有显著影响。极其重要的因素包括目的地信息、当地人的热情好客、服务人员的友好度及其对游客家庭的服务适应性。这显示游客在选择目的地时,不仅关注硬件设施和景观,还重视与人的互动和体验,这体现了他们对目的地人文关怀和服务质量的期待。一些因素(如目的地内部的流动性、现代性、娱乐活动和夜生活等)被认为隐性重要性高而显性重要性低。这表明游客可能不会明确表达对这些因素的重视,但它们在实际体验中却显著影响游客的满意度。这提醒人们在目的地管理和营销时需关注这些潜在方面。相对而言,景观、预订便利性和怀旧氛围等因素具有高显性重要性和低隐性重要性。这意味着游客在挑选目的地时会明确考虑这些因素,但其实际体验中的影响可能不如预期。因此,人们应同时满足游客显性需求并关注可能带来意外惊喜的隐性因素。然而,Fuchs 和 Weiermair 也指出研究结果存在局限性[186]。由于游客基于个人兴趣和动机选择目的地,不同人可能对相同属性有不同评价,故人们不能简单地将研究结果泛化到所有游客。在目的地管理和营销时，需考虑目标市场特点和需求，制定个性化策略。

3.3.3.3　对 EDP 和 IPM 的评论

在消费者满意度研究领域，EDP 和 IPM 无疑是两个受到广泛推崇的理论工具。然而，正如众多研究者所指出的，尽管这两个模型具有广泛的应用范围和一定的解释能力，但它们并不是完美无缺的。特别是它们无法充分解释游客满意度的复杂性和多样性，Yüksel 和 Oh 等人提出的批评在这方面最具代表性[175,185]。

EDP 在应用于旅游业的消费者满意度研究时，主要面临着一些关键的测量问题。由于旅游业是高度体验性的行业，与有形消费品的购买和评估过程存在显著差异。游客通常难以在到达旅游目的地前形成明确的期望。不同于购买有形消费品，后者在购买前可以通过查看产品说明书、评价或试用等方式来评估其质量和性能。游客对旅游目的地的期望通常基于新闻报道、宣传材料和口碑等信息。这些多样且可能相互矛盾的信息源使得他们的期望变得模糊和不稳定。他们在旅游过程中的期望可能会不断更新和调整，不仅在居住地获取目的地信息，还可能在途中通过与其他游客的交流、观察当地环境等方式获取新的信息。这些新信息可能使他们的期望变得更加复杂和动态。体验后，游客往往难以准确区分自己的期望与实际感知，因为旅游体验涉及服务质量、环境、文化等多方面因素。他们可能混淆期望与实际感知，从而影响测量结果的准确性。即使未满足期望，一些游客可能会由于与同伴相处愉快、意外惊喜等原因仍感到满意。然而，若其他方面（如住宿、餐饮）未达满意，即使目的地的其他体验超出预期，游客仍可能对整体体验持否定态度。

衡量目的地满意度是一个极其复杂且多维度的过程，这主要是因为旅游体验本身就是多样化且个性化的。不同游客可能会基于不同的标准或因素来评估他们的旅游体验，包括预测性期望、社会规范、个人过去的经验、内在欲望、个人理想，以及从他人那里获取的信息和经验[175]。这种多样性导致了满意度评估的复杂性和不确定性。多位研究者已经尝试提出并验证不同的满意度模型[187,183]，以纳入这些多样化的比较标准。

Park 和 Choi 的研究进一步丰富了人们对游客满意度评估中比较标准多样

性的理解[188]。他们提出的包括期望、产品规范、公平和理想在内的四个比较标准,不仅体现了游客在评估旅游体验时的多维度思考,也揭示了不同比较标准之间可能存在的相互作用。特别是,他们的研究指出消费者参与和产品体验对比较标准选择的影响。这意味着游客在评估满意度时,并非机械地应用某个固定标准。相反,游客会根据其参与程度和实际体验来灵活调整或组合不同的比较标准。这一发现与 Oliver 和 DeSarbo 的观点相契合,即他们认为多重比较过程是一个复杂的、可能依序或同时发生的相互作用过程[189]。

Oh 对 IPM 研究的结果为:识别出该模型在应用过程中面临的一系列挑战和限制。这些问题不仅影响了模型的有效性和可靠性,还阻碍了其在实践中的广泛应用[185]。

首先,重要性这一概念缺乏明确的定义,这构成了一个核心问题。由于重要性相对主观,不同游客可能对同一属性的重要性持有不同看法。因没有统一且明确的定义,研究的一致性和可比性难以确保。

其次,缺少一个国际间行动计划框架的标准变量,这也是重要的问题。这使得模型在不同文化和地域背景下的应用变得复杂,因为不同市场关注的属性和绩效标准可能不同。

混淆重要性和期望是 IPM 的一个常见问题。尽管这两个概念相关,但它们并不相同。期望是指游客对某个属性的预期水平,而重要性是指游客对该属性在整体满意度中的权重,混淆这两个概念可能导致结果的偏差。

此外,IPM 缺乏对绝对重要性和相对重要性的研究。绝对重要性是指属性本身的重要性,而相对重要性则是指与其他属性相比的重要性。没有对这两者进行区分和深入研究,使得模型在解释满意度结果时不够精细。

属性中重要性和表现之间的关系也是一个有待深入研究的问题。这种关系可能因属性类型、游客特征和市场环境的不同而有所差异,因此需要更多的实证研究来揭示其内在机制。

属性指导方针的缺乏也限制了 IPM 的应用范围。由于不同的旅游目的地和产品可能涉及不同的属性集合,缺乏统一的指导方针使得研究者在选择属性时缺乏依据。

在测量方面,使用单向还是双向测量量表对重要性进行测量是一个需要注意的问题。不同的测量方式可能导致结果不一致,因此需要仔细选择适合研究目的的测量工具。

在构建 IPM 网格时，使用实际手段与尺度手段也可能引发问题。这涉及如何准确衡量属性和绩效的问题，需要研究者根据具体情况选择合适的衡量方法。

IPM 网格上潜在的属性错误分类也是一个值得关注的问题。错误的分类可能导致对游客满意度的误解和误导，因此需要谨慎处理分类问题。

最后，将模型结果转化为具体战略建议的哲学问题也是 IPM 面临的一个挑战，这要求研究者具备良好的理论素养和充足的实践经验。

在当前的满意度研究中，定量方法占据主导地位，但定性方法同样重要。定性方法能够助力研究者深入理解游客满意度的判断过程，揭示背后的旅游动机、情感和认知因素。通过深度访谈、焦点小组讨论等定性手段，人们可以获得更丰富、更深入的数据，从而更全面地解释游客满意度。考虑到旅游业的特殊性和复杂性，人们可能需要综合运用多种方法和模型来衡量游客对目的地的满意度。例如，结合 EDP 和 IPM，既考虑游客的期望和感知表现，也关注属性及其表现对满意度的影响。同时，引入服务质量理论、情感理论等相关理论和方法，有助于构建一个更全面和深入的满意度研究框架。

第4章　研究方法与实施

在前两章中，通过文献综述明确了虚拟地旅游的定义，并探讨了与之相关的多个旅游概念。这些概念包括旅游动机、目的地形象的形成、游客体验以及游客性格特征与旅游选择之间的关系。本章将详细介绍用于完成本研究的研究方法——定性研究，包括样本策略的制定、数据收集过程的描述，以及所采用的数据分析方法的介绍。

4.1　研究方法的哲学基础

在选择合适的研究方法时，理解不同的探究范式及其背后的本体论、认识论和方法论假设非常重要。Guba 和 Lincoln 提出了四种主要的探究范式(见表4.1)——实证主义、后实证主义、批判理论和建构主义——它们提供了不同的视角和方法，以理解和研究世界[190]。实证主义和后实证主义强调现实客观性和可测量性，认为研究者可以独立于其研究对象来进行无偏见的研究，并通过实验和准实验方法获得关于自然现象的知识。这些范式通常适用于定量研究，因为它们侧重于数据收集、测量和统计分析，目的是验证或否定理论假设。相比之下，批判理论重视分析社会、文化和政治因素如何塑造人们对世界的认识，它认为研究是有价值导向的。此范式常结合定性研究方法，通过深入访谈、观察、文献分析等手段揭示社会现象背后的复杂性和多样性。建构主义强调现实的社会、文化和历史建构性，认为个体通过发展主观意义来解释和理解世界。此范式更倾向于采用定性研究方法，专注于个体经验和主观认知，旨在理解并重构个人的信仰体系。

表 4.1 替代性探究范式的分类

项目	实证主义	后实证主义	批判理论	建构主义
本体论	朴素实在论——"真实的"现实,但可以理解	批判现实主义——"真实的"现实,但只是不完美的和可理解的	历史现实主义——由社会、政治、文化、经济、种族和性别价值观塑造的虚拟现实;随着时间积累	相对主义;局部的和特定的构建现实
认识论	二元论者/客观主义;发现真正的	修正二元论/客观主义;批判传统/社区;研究结果可能正确	事务/主观主义;价值介导的发现	事务/主观主义;创建的结果
方法论	实验/操纵;假设的验证;主要是定量方法	改良实验/操作;多元主义的关键;假设的证伪;可能包括定性方法	对话的/辩证	解释学的/辩证

根据 Jennings 的观点,范式、方法论和方法之间的联系被进一步强化。范式提供了对世界运行方式的基本理解;方法论是一套指导原则,用于在特定范式下进行研究;而方法则是具体的数据收集和分析工具[191]。这三个方面共同构成了研究过程的基础架构,它们协助研究人员选择恰当的方法论,以便有效地收集与分析数据,进而构建有关世界的理论或知识体系。因此,在选择研究方法时,研究人员需要仔细考虑他们的研究问题、目的以及所采用的范式。不同的范式和方法论可能适用于不同类型的研究问题和背景,合适方法论的选取,有助于保障研究的效度和信度。

根据这一范式,选择研究方法论的标准取决于研究人员对本体论、认识论和方法论的个人看法。这反映了研究人员如何理解世界及其本质,并揭示了人们对事物的个人信念是如何影响日常生活的。在本研究中,研究者所持有的立场是,世界的自然现实是通过个体的主观思考来解释的。现实被视为社会、文化和历史构建的产物。本书旨在探究虚拟地是如何与人们的现实世界相互作用的，为此，定性研究方法被认为是更为合适的选择。因此，本书采用了定性研究方法。

定性研究方法有多种，包括民族志、参与行动研究、现象学、语义分析、扎根理论、定性描述或解释性描述以及混合方法。选择哪种方法最合适是一个复杂的问题。然而，一个简单的经验法则是，研究人员应该始终询问自己的理论立场是什么，以及自己要探讨的研究主题是什么。这两个因素将指导他们采用最合适的方法。在本书中，笔者基于符号互动主义的理论框架，因为它适用于后现代世界的情景。本书旨在探讨游客如何感知虚拟地，并且这些虚拟地是如何与现实世界的场所相结合的。

符号互动主义是一种社会心理学和社会学理论，起源于美国实用主义，其前提是意义由人类个体来解释。人类是有目的的行动者，他们面对的是一个必须被解释的世界，而非仅由一系列刺激组成的世界。虚拟地是一个在个人头脑中想象和创造的地方，这样的地方位于何处取决于个人如何感知它，并将其嵌入地理或自然场所中。本书旨在探讨前往虚拟地的旅游现象，并特别关注访问的过程。因此，本书采用了基于符号互动主义发展出的扎根理论方法。此方法强调理论应从数据归纳中得出，以便理论能够与日常生活的现实紧密结合。扎根理论关注的是“如何”的问题，最适用于研究一个过程或经历的不同阶段。

作为一种定性研究方法的扎根理论，自 20 世纪 60 年代被 Barney Glaser 和 Anselm Strauss 提出以来，在社会科学领域得到了广泛的应用和认可。该方法强调从经验数据中提炼和发展理论，在定性研究中被视为重要工具。该方法的核心特点在于数据收集与分析的紧密结合，并通过不断比较和迭代来构建和发展该理论。具体来说，研究人员在收集数据的同时进行初步分析，形成初步的代码和类别，然后通过不断比较新的数据与已有的代码和类别，逐步深化和修正理论框架。这种方法避免预设理论对研究的干扰，确保理论紧密贴合实际经验。

扎根理论的抽样策略也具有独特性。不同于量化研究追求样本代表性，扎根理论的抽样原则旨在理论建构，即选择那些能够提供丰富信息且有助于理论发展的样本。这种抽样方式使研究人员在有限的时间与资源条件下，更加高效地收集和分析数据。此外，扎根理论还突出了撰写备忘录的重要性。备忘录是研究人员在数据收集和分析过程中记录思考内容、发现和假设的重要工具。通过撰写备忘录，研究人员可以详细说明代码和类别的含义、属性和关系，识别理论缺口，并推动理论的发展与完善。最后，值得注意的是扎根理论在独立分析后才进行文献综述的做法。此做法有助于研究人员在构建和发展理论过程中保持独立与创新，避免受到已有文献的过度影响。同时，研究人员通过文献综述，可以将自身的理论与现有理论进行对比和对话，以进一步丰富和完善理论框架[192]。

综上所述，作为一种具有系统性和严谨性的定性研究方法，扎根理论强调从经验数据中提炼和发展理论。通过不断比较和迭代、理论建构导向的抽样策略、撰写备忘录以及独立分析后进行文献综述等做法，扎根理论有助于研究人员深入理解和解释社会现象，从而推动理论的发展与创新。在本书中，运用扎根理论有助于从旅行者访问虚拟地的经验数据中提炼出深刻的理论解释，揭示旅游背后的社会心理过程及其意义。

Charmaz 对扎根理论进行了进一步的发展，尤其是其从实证主义到建构主义的转变，赋予了该方法新的活力和深度[192]。建构主义扎根理论强调研究者与参与者之间的互动及合作，以及对数据的主观性和解释性理解，这有助于以多角度和多立场深入探究社会现象。在本书中，笔者采纳了创新学者的建议，采用了基本的理论指导方针，包括编码、备忘录写作、理论发展的抽样和比较方法。这些实践有助于系统地收集和分析数据，并确保理论紧密贴合实际经验，从而获得更具解释力和深度的研究结果。同时，笔者也充分考虑了扎根理论不同方向的特点和适用性，根据研究问题的多样性和独特性来选择最合适的方向。通过采用建构主义扎根理论的方式，本书将能够更深入地理解游客体验虚拟旅游环境的过程，揭示其背后的社会心理机制和深层含义。同时，通过与参与者的互动及合作，研究者还能够获得更丰富、更真实的数据，为理论构建提供坚实的基础。

4.2　样本策略

采用扎根理论方法的样本策略指导时，选择理论抽样策略被证明是一种非常有效的方法，尤其在定性研究中。理论抽样是一个有目的地选择样本的过程，它基于在数据分析过程中新出现类别和新兴理论的不断涌现。在实践中，研究者通常会根据已经证实与不断发展的理论相关的概念来累积收集样本[193]。这意味着，研究者会根据现有理论及数据分析的结果，有针对性地选取那些能提供更多信息、有助于进一步丰富和完善理论的样本。通过这种方式，研究者可以更高效地收集数据，并在分析过程中逐步构建出一个更加完整、连贯的理论框架。

在定性研究中，关于样本量的问题存在多种观点和争议。这主要是因为定性研究的目的和方法与定量研究本质上存在不同。定性研究侧重于深入理解和解释社会现象，而非追求泛化或代表性。因此，在定性研究中，样本量并非决定研究质量的关键因素，数据的质量和研究的深度更为重要。在定性研究中，没有固定的样本量大小规则，样本量取决于研究的目的和基本原理[194]。这意味着研究者可以根据具体问题和目标灵活地确定所需的样本量。只要样本能提供丰富、深入的数据，有助于回答研究问题并构建理论，那么样本量就是合适的。同时，理论饱和也是判断何时停止数据收集的重要标准。当发现没有新的属性或类别维度出现时，可以认为数据已经饱和，此时应停止数据收集[195]。

DePaulo 持有不同的观点，他认为样本量对定性研究很重要，适当的样本量是能够充分回答研究问题的量[196]。他认为总共 30 个调查对象是一个合理的起点，可以据此得到所有可能的重要可用数据。Marshall 则认为，样本量的多少取决于研究的问题，且在进行研究前很难预测准确的数量[197]。对于简单问题或详细研究，小样本可能足够；而对于复杂问题，则可能需要更大的样本和各种采样技术。Morse 提出，样本量与研究的范围、主题性质、获得的数据质量、研究设计以及所谓的“影子数据”使用等因素有关[198]。“影子数据”指的是受访者讨论的其他人的经验或意见。如果每个访谈问题的数据量相对较小，需要 30～60名参与者才能获得定性分析所需的数据。然而，在使用扎根理论方法时，只需 20～30 名参与者可能就足够了。

收集合适的样本确实是研究人员在进行定性研究时所面临的一个重要挑战，尤其是在缺乏完整总体名单的情况下，研究人员很难采用概率抽样程序来确保样本的代表性。因此，本书采用了非概率抽样方法。为了确保样本的合适性，笔者设定了明确的抽样标准。首先，参与者必须年满 18 岁，这是为了保证参与者具备足够的认知能力，能够理解和参与研究。其次，参与者必须是去过中国云南香格里拉的休闲游客，这是因为本书旨在探究游客访问虚拟地的经验，因此需要选择具有相关经验的参与者。再次，参与者需要能够用英语交流，这是为了保证访问过程中的沟通顺畅，避免语言障碍对研究结果的影响。最后，参与者需要对香格里拉神话有所了解，这是因为香格里拉作为一个具有丰富神话和文化内涵的地方，了解这些背景知识有助于参与者更深入地分享他们的经验和感受。

4.3　样本收集地介绍

香格里拉，这个源自詹姆斯·希尔顿笔下的乌托邦世界，自 1933 年问世以来，便以其独特的魅力吸引着全球读者的目光。在本书中，香格里拉被视为一个虚幻的目的地，定义为基于神话标记的想象场所，与文学作品、电影和神话故事中的其他创造场所类似。首先，我们探讨一个问题：虚幻的目的地位于何处？

虚幻目的地，往往承载着丰富的文化内涵和神秘色彩，吸引游客前往探索、体验。例如，美国新墨西哥州的罗斯威尔市因其与外星生命的传闻紧密相连，成为备受瞩目的旅游热点；新西兰则被视作《指环王》中土世界的现实版，吸引了大量粉丝前来；亚特兰蒂斯，这座传说中的失落之城，尽管其具体位置仍是谜团，但关于它与大金字塔遗址的传闻为其增添了一层神秘色彩；而罗马尼亚因德古拉伯爵的传说而闻名，成为恐怖和奇幻旅游的重要目的地。

在本书中，笔者选择香格里拉作为虚幻目的地的案例，探究这类基于神话构建的旅游目的地的魅力所在，以及它们如何影响游客的旅游体验。香格里拉现被认为是中国云南省的一部分，这一地区以其独特的自然风光和深厚的文化底蕴吸引了众多游客。在这里，游客仿佛置身于超脱现实、回归自然的梦幻世界中。通过本书，笔者旨在深入探讨这种基于神话构建的旅游目的地对游客体验的影响。

4.4 数据的收集

4.4.1 研究的自然环境背景

基于自然主义探究的核心原则，自然环境在定性研究中扮演着关键角色[199]。为确保研究的真实性和有效性，本书的研究在真实世界环境中进行，避免出现在非自然条件下人为操控的现象。因此，笔者先是以游客的身份体验目的地，亲自感受并捕捉其原始特色；之后，再作为研究员重访，从专业角度系统地观察、记录和分析。

本书专注于云南香格里拉地区的散客群体，并通过现场调查开展深入研究。为全面收集数据，笔者采用了四种方法：首先，搜集与“寻找香格里拉”相关的游记，这些资料为研究提供了背景信息和研究线索；其次，通过在线旅游博客和邮件采访博客作者，获取游客的直接体验和感受；再次，进行实地观察，捕捉地区的真实情况和游客行为；最后，深度采访游客，了解他们对旅游的独特见解和感受。

每种数据收集方法的具体程序将在后续章节详细描述。通过综合采用这些方法，笔者期望揭示香格里拉散客旅游的真实面貌，并为相关研究提供参考和启示。

4.4.2 香格里拉游记

旅行写作作为一种独特的文学形式，被定义为由文本的自传体主体对旅行进行的第一人称非虚构叙述。此类写作紧密围绕作者的探险经历与旅途所见所闻展开，尽管包含一些小说般的元素，这些元素源自作者对旅行体验的文本化再创作[200]，但整体上保持着真实性和自传体的特性。在人文地理学领域，旅行写作亦展现出其不可或缺的价值。它既是一种文化交流的媒介，也代表了文化之间的联系，能够成为人们分析、质疑和重新评估的对象[201]。

在本书中，我们聚焦于非虚构的、自传体的第一人称叙事旅行写作，这些作品以文本形式再现了香格里拉地区的旅行体验。经过严格筛选,我们精选了 8 部关于香格里拉的中英文旅游作品(见表 4.2),将这些作品作为二次文献资料收集的核心部分,以期深入探究香格里拉地区的旅游文化及其人文地理特征。

表 4.2 已出版的香格里拉旅游著述

作者	年份	书名	出版地	出版社
Laurence J. Brahm(龙安志)	2004	寻找香格里拉:现代经文游记	北京	高等教育出版社
高星	2004	香格里拉文化地图	西安	陕西师范大学出版社
李菊芳	2005	世界的香格里拉——迪庆	北京	中国摄影出版社
李燕兰	2007	走读香格里拉——洗却铅华的行程	昆明	云南人民出版社
刘建华	2007	香格里拉——远古的呼唤	成都	四川文艺出版社
Kim Roseberry	2004	我的香格里拉 (Encounters with Paradise)	西安	陕西师范大学出版社
汤世杰	1999	灵息吹拂——香格里拉从虚拟到现实	北京	作家出版社
张广夏	2007	大香格里拉:寻找消失的地平线	广州	广东旅游出版社

4.4.3 旅游博客与在线采访博主

通过分析文献收集数据是定性研究中至关重要的一环,这种方法能够帮助研究者深入追踪人们的行为模式、日常生活组织方式以及他们的思考方式[202]。在线旅游作为现代网络时代的产物,为研究者提供了丰富的游客视角和见解,特别是在探索广泛的主题和兴趣领域时,它们成为极具潜力的研究数据来源。

随着互联网技术的不断发展,旅游调查和数据收集的方式也在逐步演变。早在二十世纪九十年代末,互联网就已经开始被用于旅游研究。如今,互联网不仅成为潜在游客获取目的地信息的主要渠道,更是一个分享个人旅游体验的广阔平台。该平台不仅为游客提供了交流的空间，也为目的地营销人员提供了向潜在游客推广产品的有效途径。游客在线发布的内容既包括旅行者的亲身经历和感受，也涵盖对目的地的深入评价和反馈。

Pan 等人利用旅游博客作为数据来源，深入探讨了游客对美国南卡罗来纳州查尔斯顿的体验和反馈[203]。研究发现，旅游博客不仅承载了游客对旅游体验的直接意见，还反映了他们对目的地文化、风土人情的深刻洞察，这些见解对于理解游客的行为模式、旅游目的地的吸引力以及旅游市场的发展趋势都具有重要意义。因此，利用在线旅游博客进行定性研究，不仅可以揭示游客的真实想法和感受，还可以为旅游目的地管理、旅游产品开发以及旅游市场营销提供有价值的参考和启示。

为了全面收集关于中国云南香格里拉地区的游客发布的线上评论，笔者从 www.travelpost.com、www.travelblog.org 以及包括谷歌搜索在内的搜索引擎中进行了深入的数据挖掘。

在关键词"香格里拉云南"的搜索下，成功检索到人们关于云南香格里拉旅游的体验及评论，这些线上分享的内容丰富，包含了游客对香格里拉的亲身体验和深刻评论。经过对发布内容的有效筛选，先选出 55 篇有用的评论进行分析。为确保数据的可追溯性，记录了每篇评论的标题或其他识别信息。为进一步获取与研究相关的详细信息，笔者向这 55 篇中能够联系到的人发送了包含 14 个开放式问题的在线电子邮件来进行调查。这些问题旨在深入探索他们的旅游动机、旅行期望的变化以及访问香格里拉前后的感受。最后收到了 9 份回复。

根据这 9 份回复，研究团队开展了进一步的在线电子邮件采访。这次采访更加有针对性，目的在于根据这些游客在初次回复中提供的信息，进一步探讨游客的旅游经历、感受以及对香格里拉旅游的看法。通过这一系列的深入交流，不仅获取了丰富的第一手资料，还为后续的数据分析及结论提炼提供了坚实的基础。

根据通过托管网站收集到的 55 份个人资料(见表 4.3)，在性别分布方面，男性占比 41.82%，女性占比 58.18%，性别分布相对均衡。在年龄方面，年龄跨度从 18～65 岁，涵盖广泛。其中，26～35 岁的最多，占 47.27%，是旅游体验分享的主力军；其次是 18～25 岁的年轻人，占 34.55%，显示了年轻人对旅游的热情与参与度。在国籍分布上，游客主要来自以英语为母语的国家，包括英国、美国、澳大利亚、加拿大和新西兰。具体来看，英国游客比例最高，为 18.18%；美国紧随其后，占 16.36%；而澳大利亚、加拿大和新西兰的游客分别占 12.73%、12.73%和 10.91%。这一结果可能在很大程度上是由于搜索使用英语进行调查所致。

总体而言，这些游客的个人资料为我们提供了基本背景信息，有助于理解他们的兴趣和行为模式。在后续研究中，我们将进一步分析这些游客分享的内容，以揭示他们对云南香格里拉旅游的独特见解和体验。

表 4.3　55 位游客概况

项目		人数（占比）	项目		人数（占比）
国家	英国	10（18.18%）	年龄/岁	18～25	19（34.55%）
	美国	9（16.36%）		26～35	26（47.27%）
	澳大利亚	7（12.73%）		36～45	7（12.73%）
	加拿大	7（12.73%）		46～55	0
	新西兰	6（10.91%）		56～65	3（5.45%）
	中国	5（9.09%）		≥66	0
	其他国家	11（20.02%）			
性别	男性	23（41.82%）			
	女性	32（58.18%）			

4.4.4　田野调查之观察法

观察法在社会科学研究中既可应用于定量研究，也可应用于定性研究。然而，这两种研究方法在对待观察技术的态度和具体应用上存在一定的差异。定量研究人员往往将观察视为研究的初步或“探索性”阶段。尽管通过观察法能够得到一定的信息，但由于存在较强的主观性，它难以保证数据的客观性和准确性，因此通常不被视为一种重要的数据收集方法。相反，定性研究人员认为，观察是定性研究的基础，通过深入、细致的观察，可以获取对社会现象更深层次的理解。与定量数据相比,观察性研究能够捕捉到更多的细节和情境信息,这有助于研究者理解社会现象的复杂性和多样性。此外,观察技术还能够让研究者亲身体验和感受研究对象的生活环境和行为方式,从而更加深入地理解其内在动机和思维方式。

在旅游领域,观察使研究人员能够通过统计或图标来记录游客在特定空间和时间的活动,并为其他形式的数据收集提供补充证据。此外,通过积极参与的过程,研究人员沉浸在语境中,有助于他们构建对特定时间和地点的深度解释。在观察过程中,研究者所扮演的角色是多样的,从完全的观察者到完全的参与者,这通常取决于研究的具体目的和设计。作为完全的观察者,研究者保持客观中立,记录游客行为和环境信息。而作为完全的参与者,研究者融入游客群体,直接与他们互动,体验旅游活动。在这两种角色中,了解参与程度是必要的,用以确保研究的准确性和可靠性。

本研究在参与者观察阶段严格遵循了普遍认可的流程。从研究地点的精心选择到最终结果的精准呈现,都确保了研究的科学性和严谨性。香格里拉位于中国云南,它是本书研究的旅游观察空间,虽然观察者对中国文化有深入的了解,但香格里拉独特的文化背景给其带来了全新的挑战和体验。

本书中的研究重点关注游客,尤其是非中国游客的旅游体验。为了确保研究的客观性和全面性,研究者在"内部"和"外部"状态间寻求平衡:既要融入当地文化和环境,又要保持客观性和观察力。研究者本身也是一名游客,在现场的角色灵活多变,可能完全从观察者转变为参与者,这一特性为研究提供了独特视角和丰富素材。

在设定观察目标时,研究者通过分析旅游博客数据和上传的香格里拉图片,明确了多个观察维度:景区的自然环境、物理环境、基础设施、主要参与者及其活动、景区文化、游客与居民互动以及参与者对旅游体验的表达等。这些目标的选择体现了研究的全面性和对旅游体验的深度挖掘。研究地点位于公共区域,易于进入,极大地方便了观察工作。在此环境下,观察者可以轻松扮演参与者角色,与游客和当地居民互动,获取第一手资料。同时,由于是公共区域,无需特别许可,确保了研究的合法性和合规性。

4.4.4.1 首次观察

尽管前期研究已经做了充分准备,但作为研究人员第一次实际访问香格里拉，首次观察具有特殊的重要性。为了收集到丰富而有价值的数据，研究人员制定了明确的现场观察目的。

(1)通过亲身体验，研究人员将深入了解并熟悉香格里拉的环境，这一步对后续的数据收集和分析至关重要。深刻理解环境是准确捕捉游客行为和感受的前提。

(2)研究人员对最合适的地点进行了初步观察，包括评估了各个地点的游客流量、活动类型和环境特征，从而确定了最适合观察和访谈的场所，为数据收集工作打下了基础。

(3)研究人员也对游客的活动进行了初步观察。通过细致地观察游客行为，初步了解了他们的兴趣点、活动习惯以及与环境的互动方式，为指导后续的正式观察奠定了基础。

(4)为了更好地理解游客需求和期望，研究人员对部分游客进行了非正式访谈。询问他们的旅行动机、对目的地的看法及旅行体验，借此收集第一手的游客反馈，为研究决策提供了有力支持。

首次观察内容包括香格里拉的自然环境和游客，具体如下所示。

香格里拉坐落于云南省，毗邻丽江市、虎跳峡以及许多美丽的山脉，原名"中甸"，在 2001 年底正式更名为"香格里拉"。尽管如此，有些当地居民和一些游客还是习惯称之为"中甸"。实际上，这两个名称在当地可以互换使用，并经常出现在公共广告牌上。例如，从丽江开往香格里拉的大巴，前车窗上写着"香格里拉"，后车窗上则写着"中甸"。由于高原气候的影响，这里的旅游高峰期主要在 7 月和 8 月。

前往香格里拉的方式有三种：一是从云南省会昆明直飞香格里拉机场；二是从丽江出发，乘坐约 4 小时的长途汽车抵达；三是从丽江、大理或昆明乘坐高铁至香格里拉。从丽江到香格里拉的道路狭窄且蜿蜒，沿途海拔超过 2000 米，风景如画的村落点缀其间，被一些博主描述为接近想象中的香格里拉的景象。

香格里拉位于西藏自治区边缘，城镇分为新城区和老城区。新城区采用现代混凝土建筑风格，与中国其他城市的风貌相似。而老城区专为游客而建，保留着藏式建筑特色，基本没有常住居民，大多为商店、餐馆、酒吧、咖啡厅和住宿设施，给游客留下小型商业中心的印象。

研究人员到此地时，发现当地一个有趣的活动是每天晚上八点至九点，居民们会聚在新镇中心广场跳舞。值得注意的是，类似的舞蹈活动也在老城广场举行，时间是晚上七点到九点。新城区的活动是当地人的休闲娱乐方式；而老城区则为游客呈现特殊风格的舞蹈表演，居民们身着藏族服饰参与娱乐，游客们有的加入舞蹈，有的则选择拍照留念。

香格里拉的其他旅游活动包括徒步、骑自行车、骑马和水疗等。老城区及其周边也设有众多酒吧和咖啡馆。主要景点有桂山公园、松三林寺、普达措国家公园、碧塔湖自然保护区、那巴海、白水台地和温泉等。住宿方面，旅客可以选择新城区的酒店或老城区的青年旅社。

外国游客抵达后通常会直接前往老城区，在那里的藏餐厅和咖啡厅进行购物、用餐等活动。以下是游客初次到访时的典型行为举例：在老城区的一家纪念品商店内，一位法国女士试戴了一枚藏银戒指，而店员则热情地向她推荐。最初，双方并未理解对方，但经过几分钟的沟通，这位女士了解到这枚戒指的价格是 10 元人民币(不到 2 欧元)。她毫不犹豫地购买了戒指，并建议她的朋友们也购买。

笔者对两位逛街的年轻英国女士进行了一次非正式采访，其中一位与丈夫居住在北京，另一位则是她在伦敦旅行社工作的朋友。她们之所以选择旅行至香格里拉，是因为这里 80％的居民是藏族人，她们对藏族文化充满兴趣。虽然她们听说过关于香格里拉的故事并对其有所了解，但并没有特意去寻找它。她们对此次的旅行感到非常满意。

阿布的房子大约有 370 年的历史，是老城中最为古老的私人建筑。当笔者到达他家门前时，遇到了一对德国夫妇，我们都受到了阿布热情的欢迎。他陪同我们参观了房子，并在讲解藏传佛教的过程中请求捐助。我们误以为他只是想收集外币作纪念，因此那对夫妇给了他 5 欧元，而笔者则给了他 10 港元。接着，阿布解释说由于在当地无法将外币兑换成人民币，因此他需要这些捐助来补偿不能自由兑换货币的不便。这揭示了当地金融系统的局限性，尚未达到一线城市自由兑换货币的水平。

4.4.4.2 第二次观察

基于第一次现场观察和旅游博客的深入剖析，第二次访问香格里拉的目的得以明确：进行深度访谈并仔细观察受访者的行为。笔者首先以观察员的身份，细致地记录了游客们的日常活动。随后，抓住每一个合适的机会，向他们提出采访的请求。通过初步采访，笔者获得了关于他们的逗留时长、游览地点和未来行程的宝贵信息。由于香格里拉是一个相对宁静的小镇，笔者发现大多数受访者都选择在此停留两个晚上以上。这一发现为笔者提供了进一步交流的机会。在接下来的几天里，笔者利用这些机会与他们进行了多次非正式访谈。这些对话使笔者深入了解了他们的旅行经历、感受和对香格里拉的看法。通过与他们的交流，笔者逐渐勾勒出了一幅关于外国游客在香格里拉体验的丰富画卷。

第二次观察更加聚焦于游客们在香格里拉的特定行为。首先，笔者注意到他们的饮食选择。这些游客的日常饮食以西餐为主，而老城区的咖啡馆成为他们休闲聚会的热门场所。尽管他们愿意尝试牦牛肉和酥油茶等藏式美食以体验当地文化，但藏菜并未成为他们的主食。其次，笔者观察了他们的购物行为。有趣的是，这些单独行动的外国游客对纪念品商店并不感兴趣，他们认为这些商店出售的礼品缺乏独特性，与其他旅游景点的纪念品相似。相反，自行车租赁店成为他们最喜爱的去处，每天早上都有一群外国游客排队等待租车。最后，笔者关注了他们的住宿选择。结果显示，老城区的汽车旅馆和青年旅社最受欢迎，这些住宿设施在旅游指南书中都有所介绍。尽管新城区与老城区的酒店价格相似，但外国游客仍倾向于选择在老城区住宿，以便有更多时间探索藏族文化、观察手工艺品制作过程以及体验当地风情。

通过这次深度访谈和观察，笔者对外国游客在香格里拉的旅行体验有了更为全面和深入的了解。他们的饮食、购物和住宿选择都反映了他们对当地文化的兴趣和探索欲望。这些发现不仅为笔者提供了丰富的研究素材，也为未来关于旅游体验和文化交流的研究提供了有益的参考。

4.4.5　深度访谈

深度访谈在定性研究中占据着举足轻重的地位，它是人们探究受访者内心世界、了解其真实想法和经验的窗口。在准备采访之前，精心设计问题至关重要。问题的措辞需要恰到好处，既要开放，给予受访者足够的空间表达自己的想法，又要聚焦主题，确保讨论不偏离主题[204]。为了确保访谈的质量，我们不仅要关注问题的设计，更要注重访谈的整个过程。Kvale 提出的访谈质量标准为我们提供了宝贵的指导[205]。首先,受访者的回答应该自发、丰富、具体且与问题相关,这要求我们所提出的问题能够触动受访者的内心,激发他们的表达欲望。然后,采访者的问题应尽量简短,以便为受访者的回答留出更多空间,从而获得更为详尽的信息。此外,在访谈过程中,采访者还需具备敏锐的观察力和良好的沟通技巧。一方面,采访者要能够紧跟受访者的思路,及时跟进并澄清答案的相关方面,确保理解的准确性。另一方面,采访者还要善于解读受访者的非言语信息,如表情、语气等,以获取更为全面的信息。最后,采访者还应在访谈过程中不断验证自己对受访者答案的解释,以确保理解的正确性。一个高质量的访谈应该有一个连贯而完整的叙述过程,受访者的回答应该能够自我解释,几乎不需要额外的解读。

研究人员在进行访谈时所扮演的角色仍然存在争议,尽管大多数方法论都推崇在访谈中保持融洽和中立的态度,但建构主义观点提出真正的中立几乎是不可能的。因为访谈本身就是一个互动和建构的过程,研究人员无疑会在其中起到积极的引导作用。Rapley 提出的交互式方法为我们提供了一个具体且实用的框架,帮助研究人员在访谈中更好地与受访者进行互动[206]。

首先,通过引入话题来开启讨论,并为受访者提供一个明确的讨论方向。接着,认真倾听受访者的答案,并根据其回答提出后续问题,这有助于深入探讨受访者的观点和经验。在访谈过程中,当受访者使用某些关键术语时,研究人员应邀请他们进行解释,以确保理解的准确性。此外,研究人员还可以适当地分享自己的个人经历、观点或想法,或者引入其他人的观点,以丰富讨论内容并激发受访者的思考。同时,在分享个人经历和观点时,研究人员需要格外注意保持适度的客观性,避免将自己的主观情感和偏见带入访谈中。最后,提供非语言上的支持也是非常重要的,比如点头、微笑等,这些动作可以表达出对受访者的尊重和关注,有助于营造一个轻松、舒适的访谈氛围。

考虑到前人的经验和建议,本次研究初步访谈了 32 名游客(见表 4.4)。这些游客的答案显示出一定的相似性,为我们提供了初步的数据基础。为了提升数据多样性和质量,我们又对另外 15 名游客进行了访谈,以替代可能收集到的低质量数据。因此,参与本次采访的游客总数为 47 名。然而,由于部分访谈记录的质量不佳,我们剔除了 6 个,最终保留了 41 个高质量访谈供后续分析使用。这些访谈有助于我们深入理解游客的想法及其体验。

在访谈过程中，我们根据研究问题、旅游博客及先前观察的数据分析，精心准备了访谈问题。这些问题覆盖了六个核心主题：一般旅行动机、访问香格里拉的动机、对香格里拉的认知和旅游体验、香格里拉选址意见、神话故事对旅游决策的影响以及人格的自我评价。这些主题旨在全方位解析游客的旅游动机、体验以及对目的地的观点。

每场深度访谈持续 20 至 45 分钟，同时对访谈内容进行录音，以便后续转录成文字进行详细分析。在访谈过程中，研究人员尽力保持友好和中立的态度，以营造轻松自然的交流氛围。在适当时机，研究人员也分享了个人观点，引导受访者进行更深入的思考和讨论。此外，研究人员采用迭代方法，并与后续的受访者探讨前述观点。例如，当提及“幻想目的地”这一概念时，鼓励受访者分享个人观点，并与先前的看法进行对比讨论。这种方法有助于研究人员全面了解新概念在游客心中的地位和影响。

表 4.4　受访者人口统计资料

项目		人数（占比）	项目		人数（占比）
国家	英国	8 (19.51%)	性别	男性	24 (58.54%)
	中国	6 (14.63%)		女性	17 (41.46%)
	美国	6 (14.63%)	年龄/岁	18～25	17 (41.46%)
	法国	4 (9.76%)		26～35	12 (29.27%)
	澳大利亚	3 (7.32%)		36～45	6 (14.63%)
	泰国	3 (7.32%)		46～55	3 (7.32%)
	德国	2 (4.88%)		56～65	3 (7.32%)
	荷兰	2 (4.88%)		≥66	0
	新西兰	2 (4.88%)	受教育程度	高中或以下	0
	以色列	2 (4.88%)		专科或大学在读	7 (17.07%)
	加拿大	1 (2.44%)		大学毕业	25 (60.98%)
	捷克共和国	1 (2.44%)		研究生	9 (21.95%)
	南非	1 (2.44%)			

4.5 数据分析

4.5.1 数据分析过程

基于扎根理论方法的数据分析过程最初由 Glaser 和 Strauss 提出，Strauss、Corbin 以及 Charmaz 对其进行了完善[192,195,207]。其中，Strauss 和 Corbin 完善了理论抽样的概念，而 Charmaz 则提出了一种构建的扎根理论。在构建扎根理论时，她强调了研究人员在数据分析过程中的主观能动性，并强调研究数据应体现研究人员对数据的解释以及受访者对数据的解释。扎根理论的数据分析是一个持续比较的过程，即数据收集与数据分析应同步进行。分析的目标是产生一组恰当的、有效的、与理论整合相关的类别和属性[207]。其中的持续比较数据分析是建立分析差异的核心方法，包括四个步骤：比较适用于每个类别的事件，整合事件类别及其属性，划分理论，撰写理论[192,207]。每次数据分析都要经历四种编码过程：初始编码、聚焦编码、主轴编码和理论编码[192]。

本书中的研究在前人工作的基础上采用归纳导向的方法，通过内容分析和编码深入挖掘所收集的数据，旨在深化对香格里拉旅游现象的理解。本研究不仅分析了在线旅游文章和游客发布的旅游体验评论，还结合了实地考察、观察法以及深度访谈等多种方法，以获取更全面、更深入的数据。

初步的内容分析显示，许多游客在提及香格里拉时，都表达了对该地独特文化和风景的浓厚兴趣。特别是当地的神话故事，对游客产生了深远的影响，不仅激发了他们的好奇心，也在很大程度上影响了他们的旅游决策。此外，游客们还分享了他们访问香格里拉的动机和预期，为我们提供了宝贵的游客心理和行为信息。然而，我们意识到仅通过在线旅游文章和游客体验评论可能无法完全捕捉游客的真实体验和感受。因此，我们设计了半结构化开放式问题，并通过电子邮件与游客进行进一步交流，以获取更详细、更深入的数据。同时，我们还进行了实地考察，并通过观察法和深度访谈等方法，进一步收集和分析数据。

在数据分析阶段，我们使用了 ATLAS.ti 计算机软件，它强大的数据管理和分析能力极大地提高了我们的工作效率。该软件使我们能够系统地整理和编码数据，识别出共同出现的代码和文本模式，从而揭示出数据中的隐藏结构和关系。此外，该软件的概念图功能还帮助我们直观地展示了数据各部分之间的联系，为保护数据的叙事结构、避免数据碎片化问题提供了有力支持。

4.5.2 编码过程

4.5.2.1 初始编码

初始编码(亦称开放性编码)是编码过程的起始阶段，研究者对收集到的原始数据进行初步分析和概念化。其目的是尽可能详尽地从数据中提炼出各种概念、范畴和属性，以挖掘数据的潜在意义和模式。通过持续比较和归纳数据，研究者可以逐步明确数据的核心内容和主题[195]。在这个阶段，研究人员采取的是一种深入且细致的数据探索方法。他们对所有数据保持开放心态，这意味着他们会尽量避免预设立场，避免让研究者的主观观点影响数据解读。这一态度关键在于让数据本身“说话”。

关注细节至关重要，研究人员应逐行、逐句、逐段地审查资料，确保不遗漏任何可能包含重要信息的片段。这种详细的审查不仅有助于捕捉数据的细微差别，还能确保后期对核心概念类别的定义准确无误。标注代码也是一项核心任务。在这个阶段，研究者主要关注数据中的行为元素，并通过使用动名词形式将这些行为编码。例如，“采用”和“比较”这样的动名词能够直接反映数据中的行为特征，有助于研究者更清晰地理解受访者的行动过程。为了确保编码的准确性和有效性，Charmaz 提出了一系列编码准则，包括简短性、简明性、主动性和分析性[192]。简短性的编码可避免冗余，使数据更易于管理和分析；简明性的编码能直指核心意义，避免引入过多的主观解释；主动性的编码能突出行为特征，揭示行动动态；分析性的编码引导研究人员进行深入思考和解析。此外，Charmaz 也提出了一些问题，旨在帮助研究人员确定数据中的关键行动和过程。这些问题覆盖了问题识别、过程定义、行为描述及想法感受探究等方面。通过回答这些问题，研究人员能够更深入地理解数据，从而更准确地提炼出核心概念和范畴。

本书中的研究严格遵循 Charmaz 的研究方法。在数据分析阶段，特别关注每个数据片段中的行为元素，并以创建尽可能多的代码为目标[192]。这种方法旨在实现编码与数据之间的紧密对应，最大限度地减少先入为主的想法对数据解读可能造成的扭曲。编码方案的制定基于对数据的深入探索，并参考了旅游动机、感知、目的地形象、旅游体验等方面的文献，确保了编码方案具有足够的理论依据和良好的实用性。通过参考这些文献，编码方案能够更准确地反映研究问题，并突显数据中的关键要素。具体而言，本研究采用的编码方案包括以下几个方面：

(1)旅游灵感：关注游客产生旅游意愿的初始触发因素，如个人经历、媒体报道、亲友推荐。

(2)游客期望：探讨游客在出发前对旅游目的地的预期和期望，包括期望体验的活动、期望达到的目的。

(3)香格里拉感知形象：分析游客对香格里拉目的地的实际感知，包括对其自然景观、文化氛围、服务质量等方面的评价。

(4)香格里拉旅游意义解读：探究游客对香格里拉旅游经历的深层理解和意义赋予，如对其人生价值观、世界观的影响。

(5)行程的主要目的地：记录游客此次旅行的主要目的地或关注点，有助于分析游客的旅游动机和偏好。

(6)游客的景点行为：观察并记录游客在旅游过程中的实际行为，如参观景点、购物消费、与当地居民互动。

(7)游客对香格里拉的印象：了解游客对香格里拉的整体印象和感受，包括满意度、惊喜度、失望度。

(8)游客性格和个人兴趣：探讨游客的性格和兴趣爱好对其旅游选择和体验的影响。

该编码方案作为分析所收集数据的核心工具，每个旅行相关因素都精准转化为代码或模式。例如，在探究受访者访问香格里拉的原因时，我们对访问原因进行了分类并将其编码为不同代码，如“神话故事”“自我挑战”和“口口相传”等。这不仅有助于我们理解各动机，还揭示了旅游灵感受外部刺激(如神话故事和口碑)的影响以及内部欲望(如自我挑战)的作用。在进行数据分析时，将访谈和文档拆分为多个板块，再按代码或组别归类板块。这种细致的数据处理方法使我们能够系统地识别和分析数据中的关键信息和模式。最终确定了729

个初始代码,构成了分析的基础。为确保分析的准确性和可靠性,我们特别注重使用“原文代码(in-vivo codes)”,即直接采用受访者使用的术语作为代码。此法尊重受访者原意,并使代码具有象征性和代表性,更好地体现言语和意义[192]。另外,我们还查阅了文献来验证受访者的观点,这增强了信息可靠性,提高了分析信度和效度,为研究提供理论支持。

4.5.2.2 聚焦编码

聚焦编码阶段是对初始编码阶段的进一步提炼和整合。在这一阶段,研究者依据研究问题和目标,有选择地关注与主题紧密相关的概念和范畴,并忽略那些关联不大的内容。通过聚焦编码,可以更精确地把握数据的核心要点,为构建理论打下基础[192]。在此阶段,研究者通过比较初始编码之间的相似性和差异性进行聚类。他们对同一访谈中的不同数据片段进行比较,以及比较不同访谈中的相似主题和概念,例如数据与数据、事件与事件、事件与概念、概念与概念之间的对比。这种比较有助于研究者揭示数据的内在结构和模式,并阐明每个类别的理论性质。

通过聚焦编码,本书中的研究识别并提炼出了一系列重点代码,这些代码反映了游客在香格里拉旅游过程中的核心体验和感受。例如,“感受一个真实的藏族小镇”揭示了游客对当地文化真实性的追求,“被美丽的自然景观所吸引”体现了自然景观的吸引力,“比较虚拟香格里拉和现实香格里拉”则反映了游客对理想与现实之间比较和期待的态度。

此外,聚焦编码还揭示了游客对香格里拉旅游的多种期待和动机,如“期待未受破坏的自然环境”“期望体验藏族文化”“辨识香格里拉瞬间(见表4.5)”“感知香格里拉的意义”“定位虚拟香格里拉”“旅游出于新奇、求知、放松的动机”以及“寻找理想中的香格里拉”“被神秘的西藏所吸引”。同时,游客的心态也呈现出多样性,既有“保持开放心态”的积极态度,也有“害怕商业化和现代化影响”的担忧。

表 4.5　聚焦编码示例

代码家族:【体验/印象】辨识香格里拉瞬间
编码(6):感觉香格里拉杰出/神秘/神圣;激发神秘/神圣的感觉;激发不寻常/特殊的感觉;从虎跳峡获得灵感;通过科学或现实的思维方式感受宁静/无法解释的特质;感受该地区的与众不同之处

4.5.2.3　主轴编码

主轴编码是数据分析过程中的一个关键阶段,它源自 Strauss 和 Corbin 提出的方法,并在后续研究中得到发展和完善。在主轴编码阶段,研究者致力于建立概念类属之间的各种联系,包括因果关系、时间先后关系、语义关系和情境关系等。通过深入比较和分析,研究者能逐渐揭示数据中的内在结构和逻辑,并构建出更完整、系统的理论体系[195]。

主轴编码侧重于对条件、现象、上下文、互动策略和后果的深入探索。条件类属主要回答"为什么""在哪里"和"何时"的问题,帮助研究者理解现象发生时的背景和情境。行动/交互类属关注"由谁"和"如何进行"的问题,揭示了参与者在特定情境下的行为和互动方式。后果类属是对行动/交互的回应,描述了这些行为和互动的结果与影响。

尽管主轴编码方法在某些情况下被批评可能导致对数据的过度分类,甚至有人主张从扎根理论的基本原则中移除此编码方式[208],但它依然具有应用价值。一些学者指出,尽管此方法可能产生不完整的理论解释[209],但它提供了一个用户友好的概念框架,有助于研究人员以更复杂、系统和准确的方式捕捉现实世界的复杂性和动态性[210]。对于初级研究人员而言,应用此方法具有积极指导作用。它不仅引导人们更深入地理解数据,还帮助他们构建出更严谨和系统的理论体系。

本书中的研究在主轴编码阶段,通过对数据中的各个概念类属进行深入的比较和分析,建立了它们之间的有机联系,揭示出旅游动机和旅游决策过程中的复杂性和内在逻辑。研究发现,媒体报道、口口相传以及中甸更名为香格里拉的信息是吸引游客注意的关键因素(见图 4.1)。这些外部刺激触发了游客对香格里拉的初步了解和兴趣。大多数受访者认为香格里拉具有一定的有关东方神话的知名度,他们被中国政府宣布发现香格里拉的消息所吸引。这种结合进一步提高了游客的好奇心和探索欲。

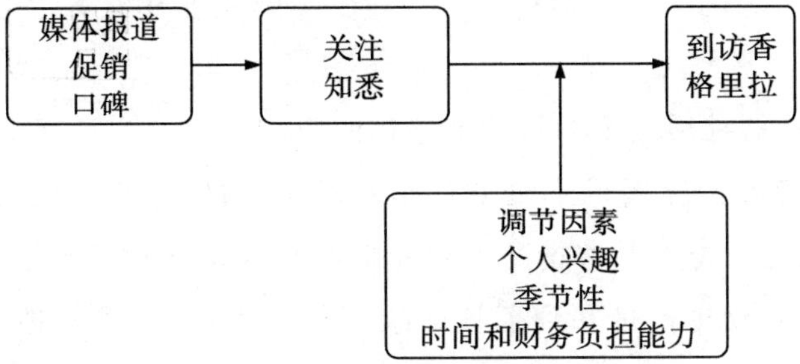

图 4.1　更名对香格里拉的影响

随着信息技术的发展，游客在决策过程中越来越依赖于网络搜索。他们在网上寻找关于香格里拉的信息，包括宣传的景点、旅游攻略等。这些信息的获取加深了游客对香格里拉的认知和期待，也是他们决策的重要参考。在此过程中，游客逐渐形成了愿望和期待。他们希望有机会亲自去参观这个神秘而美丽的地方，体验其独特文化与自然景观，这样的愿望和期待是游客进行旅游决策的重要动力。因此，本研究通过主轴编码揭示了受多因素影响的游客旅游动机和复杂决策过程。媒体报道、口口相传、网络搜索以及个人愿望和期待等因素相互交织，共同构成了游客的旅游动机和旅游决策的内在逻辑。

4.5.2.4　理论编码

理论编码是编码过程的最后阶段，也是理论构建的关键环节。在这一阶段，研究者会从已经发现的概念类属中选择一个或多个"核心类属"，并以此为核心来整合和解释整个理论体系[192]。理论编码的目的是将研究者的分析与原始数据紧密结合起来，形成一个既具有解释力又能够指导实践的理论框架。

在理论编码阶段，保持分析的连贯性和可理解性至关重要。为了达到这一理论概念水平，研究者需要广泛涉猎不同学科的书籍和文献，以培养自己的理论敏感性。通过深入阅读和理解，研究者能够更准确地把握核心概念，并在分析过程中灵活运用。

备忘录在理论编码过程中发挥着桥梁和纽带的作用。它们是从数据、代码、类别以及类别之间的概念联系中提炼出来的思想笔记，为研究者提供了一个自由发挥的空间，以便更深入地挖掘和整理理论观点[211]。备忘录的编写有助于研究者在核心类别之间建立关系，捕捉新兴的理论框架和实质性内容。以下是两个备忘录的例子，它们展示了如何在实际操作中运用备忘录进行理论编码：

(1)备忘录一：神话故事对目的地选择的影响。

某位受访者的情况揭示了一个有趣的现象：即使那些自认为逻辑性强、注重方法论的人，也可能在某些情况下被看似与自我认知相悖的事物所吸引。具体来说，他访问香格里拉是受到了神话故事的吸引，这似乎与他的理性自我形象不符。这种现象可以从多个角度进行解读。

首先，人的心理复杂且多元，其中包含了许多相互交织的动机和欲望。即使是通常表现出具有逻辑性和方法论特点的人，也会受情感、直觉或好奇心的影响。因此，被神话故事所吸引，可能是受访者多元心理面貌中的一个方面，并不必然与自我认知相矛盾。

其次，人们的行为和决策受情境因素影响。在特定情境下，即使是理性的人也可能被情感驱动，做出不同于通常行为模式的选择。因此，访问香格里拉可能是受访者在特定情境下的情感反应，而非完全基于理性的决策。

最后，人们对自己的认识是一个不断发展和变化的过程，即使一个人认为对自身很了解，也可能存在未被察觉或不愿承认的方面。因此，这位受访者或许未完全意识到某些潜在动机和欲望，或不愿承认这些因素如何影响他的行为。

关于后现代主义与此现象的关联，可以从后现代主义对真实、理性和客观性的质疑来思考。后现代主义强调多元性、相对性和不确定性，认为真理和意义是多元的、建构的，而非单一、固定的。在这种视角下，一个人的自我认知和行为模式可能不是固定不变的，而是受到多种因素的影响和塑造。因此，这位受访者的行为可能正是后现代主义所强调的多元性和相对性的体现。

至于激发寻找虚幻目的地冲动的因素，情感、感觉、心情和生活经验都可能起到作用。人们的旅游动机复杂多样，可能包括对未知的好奇、对美的追求、对自我实现的渴望等。这些因素可能相互作用，共同影响个人的旅行选择和行为。因此，不能简单地将这种冲动归因于单一因素，而需要从多个角度进行综合考虑。

(2)备忘录二：人与自然的平衡。

受访者们的采访反映了人与自然之间的微妙且复杂的关系，特别是在维护如“香格里拉”这样的理想之地时。他们普遍认为，一个未受破坏的美丽自然环境——例如美丽山——似乎建立在一种脆弱的平衡上，一旦这种平衡被打破，它的独特魅力也将消失。

一位受访者的见解尤其值得深思。他认为香格里拉需要人类来维持其文化与自然景观，这强调了人们对这片土地的影响。同时，他警告大规模移民可能会破坏这里的原始面貌，将其变成一个普通城镇。这种担忧是基于历史经验的，许多曾经宁静的地方因过度开发而失去了其原有魅力。

第二位受访者和第一位受访者进一步扩展了这一讨论。他们指出，如果居民缺乏对环境的尊重和保护意识，现代居住在香格里拉的人可能会破坏它。反之，高素质的居民能够理解并尊重自然，他们可能成为保护香格里拉原貌的关键力量。

这与中医中的阴阳概念相似。阴阳是事物内部对立而统一的力量，它们之间的平衡至关重要。同样地，人们也需要找到人类活动和自然保护之间的平衡点。只有在这种平衡下，香格里拉等地方才能保持其独特魅力，成为人们心中的避风港。

因此，人们面临的挑战不仅是如何为香格里拉等特殊地区找到开发与保护的平衡，更是在如何满足人类需求的同时尊重自然，这是对整个人类社会与自然关系的深刻反思。因而需要更多研究和思考，寻找可持续发展的方式，实现人类与自然的和谐共存，共同创造美好未来。

备忘录写作的重要性不容忽视，特别是它对后期基于理论框架的理论排序具有深远的影响。备忘录不仅记录了研究过程中的思想和发现，更在理论构建中起到了桥梁和纽带的作用。没有妥善的排序，理论将显得线性、单薄，且难以形成完整的整合体[212]。因此，对备忘录进行有序的整理和分类至关重要。在对备忘录进行分类时，核心变量应成为关注的焦点。这意味着人们需要识别并突出那些对理论构建具有关键影响的变量，将它们置于分析的中心位置。同时，其他同样重要的核心变量则可以被视为次核心变量，它们在理论中的地位虽然重要，但相对于主要核心变量而言，其影响力和作用可能稍逊一筹。这种分类方法有助于人们更加集中、有选择性和有限制地进行分析。通过将核心变量置于理论的中心，人们可以更加清晰地理解它们之间的关系和相互作用，从而构建出更加精确和全面的理论框架[207]。此外，分析规则在备忘录分类和理论构建中也发挥着至关重要的作用。这些规则为我们提供了构建理论的指南，确保我们的分析过程既具有逻辑性又富有创造性。遵循分析规则，我们可以更加系统地组织备忘录中的思想和发现，确保所有想法都能够被有效地整合到概念框架中。

理论分类的深化催生了“将虚拟世界嵌入物理场所的过程”这一核心理论框架(见图 4.2)。该框架不仅阐明了虚拟世界是如何形成的，还深入分析了它与现实世界间的微妙互动，这构成了理论基础，帮助我们了解游客心理和行为模式，以及他们与旅游目的地间复杂的互动关系。在这一最广泛的类别中，包含了许多与游客体验密切相关的次级类别，例如旅游灵感、感知香格里拉的形象、调整期望和体验香格里拉等。这些类别及其触发因素共同构成了一个完整的游客行为链，从初始的旅游动机到最终的体验，每一环节都映射出游客对香格里拉的追求和感知的演变。

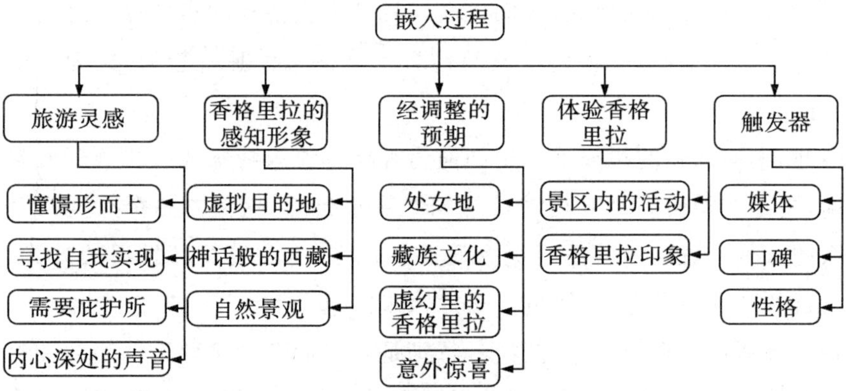

图 4.2　将虚拟世界嵌入物理场所的过程框架

值得注意的是，受访者对香格里拉的期待与实际体验揭示了想象与现实间的动态互动。这不仅体现在游客对目的地的预期构想与实际感受之间的对比和调整上，还在于这种对比和调整如何影响他们的旅游决策和行为。这种相互作用和相互塑造的关系是该理论框架旨在解释的核心内容。在整个嵌入过程中，触发器起着至关重要的作用。它们可能是特定的景观、文化符号、传说故事或个人经历，这些元素激发了游客对香格里拉的渴望和预期，驱使他们采取行动去探寻这个梦幻之地。因此，识别和理解这些触发器对于预测游客行为、优化旅游体验和推动旅游目的地的可持续发展具有重大意义。

4.5.3 实地记录

实地记录是观察过程中的关键成果，它对于连接研究人员与受试者、构建严谨的数据分析基础至关重要。在撰写实地记录时，研究者可能会采用不同的策略，这不仅体现了研究的个性化和多样性，也可能引发关于方法选择和标准统一的讨论。

Emerson 等人提出了两种策略——显著性层次和全面笔记，它们指出了在撰写实地记录时的不同侧重点[213]。显著性层次策略强调选择性地记录观察结果，聚焦于研究者认为最值得关注的内容。这种策略能够突出关键信息，减少冗余数据，但可能因主观选择而遗漏重要信息。相对而言，全面笔记策略主张系统和全面地记录现场发生的一切[214]。这种策略更加客观，保留现场的所有信息，为后续的数据分析提供了丰富的素材。然而，处理大量数据可能比较烦琐，且要求研究者具备极强的观察力和记忆力。为此，Spradley 提出了九个记录要素——空间、演员、活动、对象、行为、事件、时间、目标和感觉，这些要素构成了完整的记录框架，有助于研究人员全面了解现场情况，并为数据分析和理论构建提供坚实基础[214]。

在实际应用中，研究者应根据研究目的和现场情况选择合适的记录策略。显著性层次策略适用于需要深入挖掘特定现象或问题的研究；全面笔记策略则适合需要全面了解现场、探索新领域或构建新理论的研究。无论选择哪种策略，研究者都应保持客观、细致的态度，确保实地记录的准确性和完整性。

在 Spradley 提出的记录要素的基础上，研究者构建了具体和个性化的观察焦点，有助于其更深入地了解香格里拉地区的实际情况及游客的行为与体验。该研究方法涵盖了自然环境、游客行为等客观方面，并纳入了个人反思日记这一主观层面，使观察记录更全面立体。

第一，关注香格里拉地区的自然环境、住宿、餐饮、交通、景点及当地文化，这些要素可全面反映该地区的旅游资源和文化特色。同时，这些要素对理解游客的旅游动机和体验至关重要，并可作为分析旅游开发对当地环境影响的基础数据。

第二，观察游客尤其是外国游客的行为和互动，揭示不同文化背景下的旅游行为模式及游客与当地居民间的社会交往，有助于理解跨文化交流中的障碍与机遇，对提升旅游服务质量及促进文化交流具有重要价值。

第三，记录与研究目的相关的特殊或突出事件，捕捉旅游过程中的关键节点和转折点。这些事件常对游客的体验和认知产生深远影响，深入分析它们能揭示旅游现象背后的深层次原因和机制。

第四，引入个人反思日记，让观察记录更具主观性和情感色彩。记录自己的思考和感受，可反思观察过程中的主观偏见和情感影响，提高观察的客观性和准确性。同时，这种反思也有助于深化对旅游现象的理解，并为理论构建提供丰富的素材。

4.5.4 数据分析的三角测量法

近年来，定性研究中的三角测量法受到广泛关注。此方法能有效展示多个独立数据源间的一致性或互补性，从而提高研究结果的可信度和深度。研究者运用多种数据收集手段，不仅获得关于研究现象的多层面信息，还能通过不同数据源的相互验证和对比，全面理解研究现象并对各种解释进行深入审查[215]。

在本书中的研究中，为了降低数据的主观性并提升客观性，我们应用了三角测量法，分析了五种数据来源的数据：出版的游记、旅游博客、对博主的电子邮件采访、实地笔记以及深度访谈（见图 4.3）。这些数据互为补充，提供了香格里拉地区旅游现象的多维度视角。

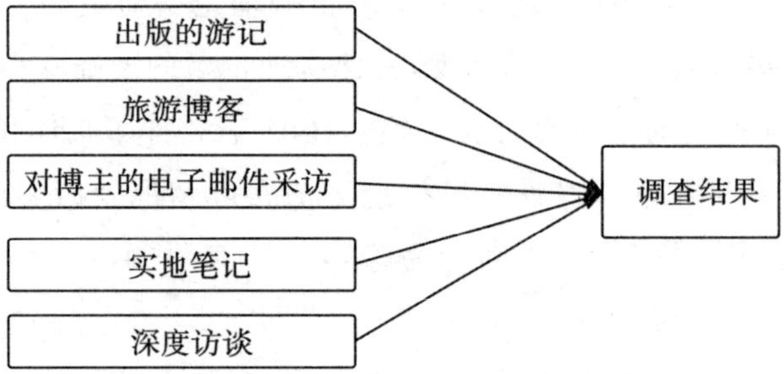

图 4.3 验证和探索通过数据三角测量法得到的结果

首先，出版的游记和旅游博客反映了游客对香格里拉地区的直接体验和感受，揭示了他们的旅游动机、期望与实际体验，为我们理解游客心理和行为提供了关键线索。其次，电子邮件采访让我们更深入地了解博主的写作动机、他们对香格里拉地区的看法及其旅游经历。这种直接交流有助于捕捉游记和博客中未涉及的细节和深层含义。再次，实地笔记记录了我们在香格里拉地区的亲身体验和观察，提供了包含当地环境、文化和游客行为的第一手资料。这些笔记不但验证了其他数据源的信息，还揭示了一些细微之处。最后，深度访谈使我们能与当地关键人物面对面交流，了解他们对旅游发展的见解、感受及所面临的挑战，挖掘出更深层次的问题和原因。综合这五个数据源的信息，我们对香格里拉地区的旅游现象有了全面、深入且客观的理解。三角测量法增强了研究的可信度和有效性，同时为我们提供了丰富的材料和更广阔的视角来探讨这一问题。

4.6　建立可信度

定性研究由于其主观性和解释性，面临着可信度问题的挑战。为了建立并增强研究的可信度，研究者们采用了一系列评估标准和方法。Lincoln 和 Guba 提出的四个评估标准——可信度、适用性、一致性和中立性，为定性研究的质量评价提供了重要框架[216]。可信度强调研究结果与实际情况的接近程度，即研究是否真实地反映了被研究现象的本质。适用性则关注研究结果在特定情境下的适用程度。一致性要求研究者在不同的时间、地点和条件下进行重复研究时，能够得到相似或一致的结果，这有助于增强研究的稳定性和可靠性。中立性则强调研究者在收集、分析和解释数据时保持客观和公正的态度，避免个人偏见对研究结果的影响。

除了这四个评估标准外，定性研究还需要关注可推广性、可靠性和可确认性这三个方面[202,217]。在本书相关的定性研究中，我们遵循了这些评价标准，通过多种方法和技术来确保研究的可信度、可推广性、可靠性和可确认性。

4.6.1　研究的可信度

在定性研究中，可信度与内部效度虽与定量研究中的概念有所关联，但在实际操作中侧重点和应用方法却有显著不同。在定性研究中，可信度更多地取决于研究人员的专业素养、人际交往能力及所采用研究方法的严谨性。为了避免主观偏见，研究者需采用一系列技术以提高定性研究的可信度。其中，长时间参与和持续观察尤为关键。通过长期与研究对象互动，研究者能够深入理解其行为、态度和观点，从而获取真实、全面的数据。持续观察有助于捕捉研究对象在不同情境下的表现，增加研究的深度与广度。三角测量法包括从多个角度、来源或方法收集和分析数据。通过比较不同来源的信息，研究者可以验证和补充观察与理解，提高研究的可信度。同伴汇报和成员检查旨在通过引入其他研究者的观点和反馈，帮助研究者全面审视研究过程和研究结果。负面案例分析的目的是让研究者关注与主流观点或预期结果不一致的情况。通过分析这些例外情况，研究者能更深入地了解现象的复杂性和多样性，增强研究的深度和可信度。充分性要求研究者在收集和分析数据时必须严谨而全面。查阅相关文献、收集丰富的实地资料及运用多种数据分析方法是必要的[199,218]。这些技术均突显了自然环境、上下文信息以及多种数据分析方法在定性研究中的重要作用。它们不仅有助于减少主观偏见的影响，还能提升研究的深度与广度，使研究者更准确地理解研究现象，得出有价值的结论。因此，在开展定性研究时，研究者须充分利用这些技术，以增强研究的可信度。此外，研究者还需具有开放和批判的思维，持续反思及调整研究方法和结论，确保研究成果的准确性与可靠性。

本研究采用了一系列精心设计的策略和技术，有效地提高了定性研究的可信度。这些策略遵循了先前研究者如 Patton、Phillimore 和 Goodson 的建议，并在具体实践中得到深化和拓展[199,218]。首先，通过与到访香格里拉的游客进行持续互动，本研究实现了长期互动和观察。这种长时间的参与使研究者能够深入了解游客的体验、感知和态度，从而获得丰富且真实的第一手数据。这种持续互动不但有助于建立研究者与游客之间的信任关系，还能捕捉游客行为和态度的细微变化，为研究结果提供有力支撑。其次，本研究采用旅游博客作为数据来源，收集了关于香格里拉的旅游博客并对其进行了深入的分析。这一方法不仅扩大了数据收集的范围，还提供了游客对香格里拉的多元视角和真实感受。通过对这些博客内容的梳理和分析，研究者得以全面了解香格里拉作为旅游目的地的形象和游客的期望。

根据对旅游博客的分析结果，研究者采用田野调查法实地考察了云南香格里拉。为了进一步探索与虚构的香格里拉相似的地方，考察范围扩展到了更广泛的地区，例如梅里雪山和雨崩村等地区。同时，与来自不同国家和地区的游客共同进行了实地考察。这种实地调研方式让研究者得以亲身体验游客的旅程，并观察他们的行为和反应。通过与 7 名不同文化背景的游客共度 5 天，研究者深入理解了他们对香格里拉的认知和感受，从而丰富了研究内容。此外，研究还采用了数据三角测量法进行分析。该法结合多种数据来源和分析技术，对研究结果进行了相互验证和补充。通过比较不同来源的信息和观点，研究者能够更准确地把握现象的本质，提高研究的可信度和有效性。

首先，为了最小化因记忆失败而导致的意外偏差和回忆不足的问题，确保研究结果的准确性和可信度，本研究采用了多种数据收集方式，包括拍照、录像和数字记录采访。这些方式能够直观地记录游客的行为和言论，为研究者提供丰富、真实的一手资料。通过拍照和录像，研究者可以捕捉到游客在现场的真实反应和体验，避免了因记忆模糊或遗漏而导致的偏差。数字记录采访可以确保采访内容的完整性和准确性，为后续的数据分析提供可靠的基础。其次，本研究利用数据三角测量法对不同时段、不同条件下采集的信息进行一致性比较和交叉检验。这种方法有助于验证数据的可靠性和一致性，从而增强研究的可信度。通过比较不同来源和不同类型的数据，研究者可以发现潜在的偏差和矛盾，进一步修正和完善研究结果。此外，本研究还注重与在类似领域工作的研究人员进行交流和讨论。通过与这些研究人员进行交流与讨论，研究者可以获取更多关于研究方法和结果的专业意见，从而发现忽略的视角或受偏差影响的方面。这种交流和讨论有助于研究者更全面地审视自己的研究过程和研究结果，提高研究的严谨性和可信度。最后，在数据分析方面，本研究采纳了负面案例分析这一重要策略。通过深入分析对中甸更名为香格里拉的反对态度和观点，研究者能够揭示不同人群对香格里拉的不同解读方式。这种对比分析不仅有助于提升研究结果的说服力，同时还能为读者提供关于研究可信度的线索。

4.6.2　可推广性问题

可推广性与外部有效性有关，涉及某一研究结果适用于另一环境或群体的程度。不同于定量研究追求结果的普遍适用性，定性研究既不寻求也不可能实现将研究结果泛化。相反,为了验证研究的外部有效性,定性研究者需提供丰富的数据,并详尽地描绘研究背景。他们还将研究结果与现有文献相融合,以便协助其他研究人员评估研究结果是否适用于不同的情境。在遵循可推广性这一定性研究的准则下,数据分析得出的结果将在研究报告的相关章节中通过引用文献进行阐释。各个类别都依据其特性和维度进行了详细的说明,便于描绘旅途中发生事件的背景。

4.6.3 可靠性和可确认性

可靠性和可确认性与可信度具有相同的特征,包括检验结果的一致性和可重复性。为了确保研究结果具有这两个标准,研究设计需保持灵活性,并记录所有变化;同时,执行审计检查是建立可信度的最关键技术。此外,保留数据和分析过程的审计轨迹也有助于增强可信度[218]。

在本项研究中,我们通过电子邮件将采访记录和数据解释发送给受访者进行验证,其中 14%的受访者确认了他们的回答。我们还采用了专家审查的方法来评估数据收集和分析的质量。在与三位专家讨论数据收集方案、分类及其关系,以及数据解释和新兴理论后,我们对分类进行了修改。

4.7 道德考量

伦理问题在研究中直接关系到研究的可靠性、有效性和可信度。特别是当研究涉及受访者的个人信息、观点和经历时,尊重受访者的权益、确保数据的保密性和安全性就显得尤为重要。本研究充分重视伦理问题,并在整个研究过程中采取了多项措施来确保受访者的权益和数据的安全。首先,在数据收集阶段,研究者向受访者明确告知了研究目的、所需时间以及录音设备的使用情况,让受访者充分了解研究的内容和过程。同时,研究者也强调了参与研究的自愿性,并给予了受访者提问的机会。这有助于建立信任关系,并确保受访者能在舒适的环境中分享他们的经验和观点。如果受访者拒绝其观点被直接记录,研究者会尊重其选择,并改用采访表记录受访者的详细信息。

在数据分析和处理阶段，本研究同样严格遵守了伦理规范。研究者采取了多项措施来确保受访者信息和数据的安全，包括严格限制研究人员对文件、笔录和数字媒体的访问。此外，通过使用匿名化编码系统，研究者在保护受访者信息的同时，也确保了数据的可追溯性和可分析性。

第 5 章　寻找虚拟地动机编码分析

第 4 章详细介绍了研究方法——基于扎根理论的分析方法，本章将主要介绍游客寻找虚拟地的动机。

5.1　香格里拉的召唤

大多数被访者表示，中甸改名为香格里拉后，在旅游宣传的推动下成功吸引了大量游客的关注和实地到访。香格里拉作为一个具有浓厚神秘色彩和文化内涵的地名，本身即具强大的吸引力。《孤独星球》(lonely planet)等热门旅游指南及互联网宣传使香格里拉成为一个广为人知的旅游目的地。在此过程中，口口相传、电视旅游节目、照片等多种方式有效传播了香格里拉的信息，扩大了其影响力。尽管多数被访游客并不了解香格里拉背后的故事细节，他们却对小说中的关键思想有所认识。在他们的印象中，香格里拉是西方社会中广泛知晓的亚洲神话。《消失的地平线》一书虽未被多数人阅读，但他们大多听说过这本书，他们来访此地区，很大程度上是因为旅游宣传资料中提到香格里拉已被发现。例如，被访者提到：

> 我在《中国日报》上读到一篇文章，进而吸引我读了《消失的地平线》这本书。在我来这里之前，我所有的知识都来自我读过的那篇文章、那本小说和其他一些报道。(男性，36～45 岁)
>
> 有时候，我对一个地方感兴趣是基于我所读到的东西。神话是促使我去香格里拉的主要原因。梅里雪山也是一个原因。(男性，46～55 岁)

中甸在 2002 年更名为香格里拉后，通过一系列精心策划的宣传策略，成功地将这一地区推广为一个令人向往的旅游胜地。县政府在推广香格里拉时采取了积极主动的态度，不仅邀请并资助摄影师进行拍摄，还通过出版物进一步宣传了这个目的地。这些举措不仅提升了香格里拉在视觉上的吸引力，也让更多的人通过图片和文字了解到这一地区的美丽与独特。同时，知名旅游指南[如《粗略指南》(rough guides)和《孤独星球》]的推荐也为香格里拉的推广添上了浓墨重彩的一笔，如将其描述为“天堂”、少数未受现代文明影响的自然之地之一，这样的描述无疑增加了游客对这一地区的向往和好奇心。此外，小说《消失的地平线》的中、英文版本在丽江、香格里拉等地的出售，以及电影版的播放，也进一步加深了游客对香格里拉的印象。这些文化产品不仅为游客提供了娱乐选择，也让他们更加深入地了解到香格里拉背后的故事和文化内涵。香格里拉的核心宣传口号“天堂”“人间天堂”简洁而有力地传达了这一地区的独特魅力和吸引力，不仅易于记忆和传播，也准确地概括了香格里拉在游客心中的形象。

游客通常通过大众媒体获取关于香格里拉的信息。这些信息不仅激发了他们的旅游欲望，还加速了他们的决策过程。这一发现与 Leiper 的观点高度吻合，即标志在旅游吸引系统中发挥着至关重要的作用，它是游客和目的地之间的桥梁[64]。大众媒体在塑造游客对目的地的感知和形象方面具有重要作用。例如，电影、电视节目、文学作品、杂志和音乐等都会深刻影响游客选择旅行目的地。这些媒体不只传递了目的地的自然风光、历史文化等客观信息，还通过艺术加工和情感渲染，影响了游客对目的地的情感和期待。Urry 进一步强调了这一点，他认为游客对目的地的感知是通过各种非游客的实践构建和维持的[26]。即使游客未曾亲自到访某地，他们也能借助大众媒体所呈现的图像和信息，对该地形成认知和想象。然而，游客的个性可能导致他们以与媒体投射的信息相反的方式，积极解读媒体信息。这体现了游客在接收媒体信息时的主观性和选择性。他们可能会根据个人兴趣、经验、价值观等因素筛选、加工并重新解读媒体信息。Hall 提出的三种假设情况有助于我们理解游客如何解读媒体信息[219]。首先，游客可能完全接受并认同媒体传递的信息和形象。其次，游客可能对信息进行调整，以反对和适应的方式解读信息，这意味着他们在接收媒体信息时也会根据自己的理解和判断对其进行调整。最后，游客可能以完全相反的方式解读媒体信息，显示出他们在解读信息时的独立性和批判性。

Hall的研究更好地展示了从受访者的回答中得出的结论。一方面，根据小说《消失的地平线》的描述，香格里拉被描绘为“人间天堂般的失落之地”[219]。另一方面，游客对香格里拉有三种解读：有些人愿意相信这个地方确实存在，并希望亲自前往考察其真实性。12位受访者和9位博主不仅对这一神话深感兴趣，而且相信它是实际存在的。他们觉得探究现实世界的香格里拉与神话中描述的是否相符是一件有趣的事。值得注意的是，这些参与者并非小说或其作者的粉丝，但他们向往那个想象中的地方。如前所述，有些参与者在抵达香格里拉之前，并未阅读过这本小说或观看过改编电影。然而，他们听说过这个传说，并且知晓香格里拉作为乌托邦的象征意义。这些游客的主要目的地便是香格里拉，因为他们对香格里拉的信仰植根于历史事实(虽然这在历史的长河中已模糊不清)。鉴于他们的旅游目的是专程寻找香格里拉，在本书的研究中，这类游客被归类为“虚拟地导向型”游客。

我在寻找一种我无法轻易描述的东西。有时，我在我读过的故事中，在我遇到的神话中发现了这一点。香格里拉也是这样的，这引起了我的兴趣。我想知道它在哪里，它在现实中是什么样子的。这对我的旅行产生了影响。(男性，18～25岁)

这一切都有一种神秘感，让我觉得这不仅仅是一个虚构的故事。我觉得真的有这样一个地方。它触动了我内心的渴望。(男性，18～25岁)

其他人对投射出的信息有着部分或完全相反的解释。他们不相信香格里拉传说，有些受访者和博主因被藏族文化吸引而前往，他们渴望体验真实的西藏生活。13名受访者和25名博主前来寻找未受破坏的自然景观。在他们看来，香格里拉是一种心境，可能存在于任何地方，也可能存在于虚无缥缈之间。他们怀疑能否在地球上发现它，并且不赞同仅仅为了吸引游客而将某地更名为香格里拉。他们探索这个地方的主要目的是了解藏族文化。在《孤独星球：中国》一书中，香格里拉也被视为地球上为数不多的未开发之地[220]。他们希望在被现代文明影响前探索此地。他们的旅行主要沿着云南省的景点路线，途径虎跳峡、香格里拉、梅里雪山和冰川。这些参与者被区分为“以藏族文化为导向的游客”和“以自然景观为导向的游客”。以下是一些受访者的回答。

我决定来这里，因为我喜欢藏族文化。因为历史和文化。（被问及香格里拉的名字是否会影响他的访问决定时）也许会，因为这个名字现在更出名了。我相信西藏的风景和文化是作者在书中写香格里拉的灵感来源。不难想象，在西藏会有这样一个地方。（男性，18～25 岁）

我听朋友说这里是一个美丽的地方，没有多少游客；我想做一些与众不同的事情。这就是我来这里亲身体验的原因。（男性，18～25 岁）

心理学家所揭示的感知扭曲现象，为我们理解游客如何处理和解读旅游信息提供了独特的视角。当游客面对大量目的地的信息时，他们通常会根据自己的信念、期望和感知来筛选和解读这些信息。符合自己信念的信息更容易被接受和认同，而不符合自己信念的信息则可能被忽略或淡化[221]。这一现象有助于游客更有效地处理信息，因为它允许游客根据自己的经验和期望来构建对目的地的认知。然而，这也可能导致游客对目的地的认知存在偏差。不同的游客带着不同的心理状态、期望和感知访问同一个目的地，因此，他们可能会得到截然不同的旅游体验。

5.2　游客游览香格里拉的动机

愉悦型游客的灵感源于他们内心的渴望，而有关该旅游景点的外部信息有助于游客选择特定的旅游目的地。尽管研究人们为何旅行的文献众多，但探讨人们为何前往梦想中的目的地的研究却相对较少。有关旅游动机的研究表明，游客并非同质群体[222]，而是因各种主要和次要的旅游动机而出行。正如 Robinson 和 Gammon 指出的，研究旅游的主要动机有助于研究者区分不同类型的游客，而次要动机则积极地影响旅行的核心原因[223]。基于这些观点，本书中的研究将参与者分为三类：第一类是渴望寻找理想中的香格里拉的虚拟地导向型游客，第二类是被藏族文化所吸引的文化导向型游客，第三类是受原始自然景观启发的自然导向型游客。

5.2.1　以虚拟地为导向的游客的旅游动机

人类“在似乎无法实现的梦想和似乎无关紧要的前景之间摇摆不定”[224]。数据分析显示，到访香格里拉的游客中，被归类为“虚拟地导向型”的游客有一些共同特征，其中最重要的一点是他们相信在地球上存在一个“理想之地”，尽管他们不清楚它在哪里或它是什么样子。寻找这种乌托邦的动力可能与工业化和城市化有关。大多虚拟地导向型游客都表示，自己已经不可能再区分地方的独特特征了。在城市环境中，到处相似，如混凝土建筑、连锁餐厅、酒店集团和类似的品牌产品。这些人认为，这种一致性剥夺了地方及其居民的独特性，如果一切都相同，人们也将失去个性。这些游客表示，他们越来越感到生活中缺少了某种东西。乌托邦世界的概念——一个既有理想和精神追求，又有简单物质享受的地方，激发了他们的想象力，促使他们去寻找这样的目的地。

这些虚拟地导向型游客对乌托邦式的香格里拉有着模糊的印象，并不能确切地说出他们期望发现什么。然而，他们已彻底厌倦了城市生活，渴望逃离现代都市的喧嚣。香格里拉之旅让他们如获新生，并成为他们寻求灵感的过程。一些受访者表示，还有许多其他地方自称为真正的香格里拉，若有机会，他们也想一探究竟。

在这个过程中，有些人继续寻找他们心中理想的香格里拉，而另一些人则发现自己无法离开这个地方。他们改变了自己的生活，选择在他们视为精神家园的地方定居下来。例如，一名46～55岁的德国男性，曾是一名机械工程师，经常出差的工作让他对生活感到越来越不满。在旅行中，他听到了源自各种来源的关于香格里拉的神话故事，这激发了他的兴趣，于是决定亲自去寻找香格里拉。在香格里拉居住一段时间后，他确信自己找到了属于自己的香格里拉，并选择在那里度过余生。这很好地证明了香格里拉可以成为人们旅行的终极目的地。

这一事件让人回想起Brahm在《寻找香格里拉：现代经文游记》中记录的中国艺术家们在香格里拉的生活[225]。Brahm在书中详细描述了他五年来在中国西部的旅行经历，以及他与当地居民和自然环境的互动。在他的探索中，Brahm试图找到“香格里拉是什么”和“香格里拉在哪里”这两个问题的答案。通过与艺术家们的交谈，他发现许多追求自由、不满足于常规生活的个体，为了拓宽视野和逃离日常生活的单调，纷纷搬到了香格里拉。这些艺术家对现代城市生活感到厌倦，现在他们在改造的工厂仓库里创造出一个充满爱与合作的社区，打造出自己的香格里拉。

Bishop 在 2008 年提出，当世界各地的人们都在担忧世界末日即将到来时，香格里拉被描绘成一个对未来充满希望的象征[226]。这种象征能够唤起人们对美好往昔的信仰，带给人们一线希望——通过想象和信念，人们或许能够重新获得清晰的视野。

虚拟地导向型游客的主要旅游动机源于存在主义，这些个体身上最常见的特质是一种对替代性生活方式或世界观的迫切需求，或是对自我实现的渴望。有的人开始旅行，目的是寻找能实现他们所追求的变化的地方或神话起源；其他一些人在旅行过程中才意识到这种需求。通常，这种需求是由旅行中的外部因素激发的。他们对独特的环境特征表现出兴趣，并将参观过的地方赋予"神话般的品质"，以突显其特殊性。他们希望至少在这些神话般的地方获得临时的庇护。寻找香格里拉成为他们希望的行为体现。然而，当被要求描述所期望的实际特性时，他们却说不清楚。正如 Bishop 所言，香格里拉是一个想象中的理想世界，有着多样且相互矛盾的想象[226]。

在寻找香格里拉乌托邦世界的过程中，虚拟地导向型游客将自己与其他游客区分开来。但他们也有着共同的旅游动机，包括游览自然风光、了解不同的文化及知识和放松。这些结果与之前关于旅游动机的研究一致，即游客更有可能受到集体动机的影响[227]。虚拟地导向型游客的主要旅游动机的灵感(见表 5.1)，被提炼为以下几点：渴望超自然、追求自我实现、寻求避难所以及倾听内心的声音。

表 5.1　香格里拉旅游动机

属性	维度
渴望超自然	• 神话背后必定有真理存在 • 宁静的氛围让自身灵魂充满喜悦感 • 这个地方有一种神秘感和神圣感 • 来到这里是为了寻找一种神圣的氛围 • 对这个地方的神秘特质非常感兴趣 • 多年来，一直对这个地方和它背后的神话故事感兴趣

续表

属性	维度
追求自我实现	• 寻求一种非凡的体验 • 寻找日常生活中被压抑的某种东西 • 逃离循规蹈矩的生活 • 追求一种更接近永恒真理的生活方式 • 开启新的生活篇章 • 寻求精神与物质价值之间的生活平衡 • 寻找“回家的路”
寻求避难所	• 期望找到一个偏远、宁静且未被破坏的地方 • 避开大城市和商业场所 • 寻求一个安静而平和的环境 • 远离家庭和工作 • 逃避和躲避朋友
倾听内心的声音	• 听到香格里拉对自己的呼唤 • 感受到了乌托邦世界的诱惑 • 内心渴望发现那片天堂 • 无论香格里拉在何处，自己都会找到它

5.2.1.1 动机一：渴望超自然

虚拟地导向型游客常不愿相信神话缺乏历史依据。他们认为现代文明使人类失去了与永恒真理的联系。不论对访问地点满意与否，“神秘”“神秘的”和“神圣的”等词语经常被用来形容他们心目中的“香格里拉”氛围。阅读过相关小说或听说相关神话的人都被其中描绘的神秘而神圣的气息所吸引，驱使着他们去实地探索，以在现实中体验那种感觉。神话是吸引游客的关键因素之一，其作用可能是激起好奇心，引导人们专注于各种可能性。神秘感促使游客更加渴望了解当地情况及其居民。Belk 和 Costa 强调，通常神秘氛围会带来愉悦感，并营造出逃离现实、愉悦放松的感觉[228]。神话故事让潜在消费者根据需求赋予个人意义。例如，被访者陈述：

> 希尔顿所描绘的美丽景色让“香格里拉”这个名字深深印刻在人们的记忆中,每当提及它时,都会激起人们的好奇心和神秘感。怀揣着对《消失的地平线》中所描绘的乌托邦的渴望,我来到了位于云南省迪庆藏族自治州的香格里拉,希望找到我梦寐以求的仙境。(中国女性,18～25岁)
>
> 多年来,我一直对香格里拉的概念和它背后的神话感兴趣。我读过《消失的地平线》这本书,也读过许多讨论这本书以及一个从未去过东方的人如何想象出这样一个地方的现象的文章。我想看看这个地方与小说中的描述是否相符。(奥地利男性,56～65岁)

人们需要信仰神话来满足智力和心理需求,因为神话代表了原始人类解释自然现象的方式。神话空间反映了人类对情感和想象的基本需求。神话故事是人们历经世代寻求真理、意义和重要性的故事。人们寻求的是一种生活体验,让纯粹物质层面的生活经历在人们的内心深处和现实中产生共鸣,让人们真正感受到生活的喜悦。

> 确实很难说清,因为我不是一个宗教信徒。但我认为,我们做的很多事情都受到了神话的影响。我们最常做的事情,尤其是旅行,是前往那些有神话的地方。我记得在公交车上告诉过你,当我来到中国时,我脑海中就有这样的神话:广袤的田野和勤劳的中国人民,他们戴着那种尖尖的帽子。那就是我来寻找的。我认为,无论我们生活中做什么,甚至选择职业和所学专业,都是在追寻某种神话、某种故事。(以色列女性,26～35岁)

除了追求神话般的特质,虚拟地导向型游客还寻求神圣的氛围。正如一位受访者所言,香格里拉及其遥远山脉使人们感受到神圣的氛围,这推动他们对其进行深入探索。从文学的视角来看,这样的地方能让人接触到深层的意义,是维系与历史及传统文化的重要纽带[37]。这些圣地蕴含着厚重的历史与文化,成为心灵的避风港。探访这些地方时,游客不仅沉浸于其庄重和神秘的氛围中,还在心灵深处找到平静与满足。因此,对许多游客而言,旅行不单是欣赏景观,同样是精神层面的归宿与提升。

> 我感觉这里是一个神秘而神圣的地方。来到这里并不容易,人们想要抵达这里也不是件轻松的事。当我经过长途跋涉和一整天的旅行终于来到这里时,我感到非常幸运。我从未有过这样的感觉。(泰国男性,18～25岁)

我来这里是为了寻找一种神圣而宁静的氛围。(中国女性,18～25岁)

还有一个重要的可能性:虚拟地导向型游客受神话启发,而神话可能是他们内心渴望的体现。虚拟地导向型游客愿意为了寻找神话故事中描述的地方而旅行。Tuan 提出,神话中的地方被认为是存在的,是因为这些地方是承载着人类信仰的[25]。虚拟地导向型游客渴望探索难以明确描述的形而上真理。他们认为自己在旅行中验证先入为主的形而上真理,实则是寻求能塑造这种真理的地方。

5.2.1.2 动机二:追求自我实现

自我实现被置于 Maslow(马斯洛)需求层次的最高层次。根据 Maslow 的说法,人们更有可能关注个人成长,并在满足较低的需求后寻找高峰体验[229]。Maslow 需求层次的最低层次是最基本的需求,称之为生理需求。在这个层次上,个体将寻找食物和水等必需品,并执行呼吸和睡眠等基本功能。当这些需求得到满足之后,人们继续满足安全需求,包括人身安全、物质舒适、住所、就业和财产。下一个层次是归属感和爱的需求,人们试图获得社会认可、从属关系、归属感和性亲密感。更高层次的需求是尊重需求,在该层次上,个人将努力获得一种能力感、同龄人对成就的认可,以及他人的尊重。Maslow 最初认为,一旦这些需求得到满足,就为个人自我实现奠定了基础[230]。随后,Maslow 和 Gleitman 等人认为,在自我实现开始之前,个体必须经历另外两个阶段:①认知需求阶段,包括对知识和周围世界的理解的需求;②审美需求阶段,包括对对称、秩序和美的需求。一旦这些需求都得到满足,马斯洛需求层次理论的最后一个阶段——自我实现就会发生[230,231]。因此,自我实现本质上是建立在个体满足其较低层次需求的基础上的。一旦一个人经历了感觉和相信自己有缺陷的过程,他们自然会寻求成长,即实现自我。

因此,所谓的自我实现,是指个体在满足基本生理、个人以及归属需求之后,对更高层次需求的感知和追求。Heylighen 认为,寻求自我实现的核心动力源自个体的内在感受,而这些感受需要得到满足[232]。Maslow 指出,那些期待高峰或神秘体验的人,通常已经处于自我实现的过程中,或者正在向这一过程迈进[230]。此外,Hood 通过他对神秘体验与自我实现之间关系的实证研究,支持了 Maslow 的观点[233]。他的研究发现,自我实现与对神秘体验的期望呈正相关，而这一过程并不依赖于传统的宗教表达。这些研究结果颠覆了先前某些研究的结论。

寻找香格里拉的游客表现出强烈的自我实现欲望。一些受访者表示在日常生活中发现了他们所缺失的东西，而旅行为他们提供了寻找生活真正意义的机会。香格里拉被认为是他们能够找到答案的地方，因为那里的生活方式与他们的日常生活截然不同。在 Brahm 的游记中，一位中国艺术家写道：

> "其实对我来说，寻找香格里拉就像寻找回家的路。我们不需要证明希尔顿在他的书中所描述的。人们不断地试图在一块木头或一片草地上挖掘希尔顿的香格里拉。香格里拉可以在每个人身边挖掘。"

这位艺术家指出，香格里拉虽然是小说中的虚构之地，但在人们的追寻中变得具象化。这很好地体现了想象地理的概念。一些艺术家和社会边缘人士倾向于非传统的生活方式，以此来维持思维的新鲜感和创造力。他们沉浸在不同文化之中，不断探索适合自己生活的新模式。另外，也有人希望脱离主流社会，寻求重生，他们认为香格里拉能够满足这种向往。由于香格里拉独特景观的庇护，小社区得以免受主流社会的侵蚀，保留了其显著的特色。例如，被访者这样表述：

> 我想超越自己，我想达到与世界交往的新境界。香格里拉的居民的生活超越了普通人类的生活和忧虑。他们似乎知道我们早已遗忘的宇宙的秘密。我想达到那种开悟的境界。这就是我所追求的。（澳大利亚男性，56～65 岁）
>
> 我想去登山、徒步、探险，挑战自我，我想了解自己能做什么，不能做什么，想知道自己的极限在哪里。（德国男性，26～35 岁）
>
> 逃离日常生活，我喜欢体验不同事物的感觉，我喜欢发现日常生活中被忽略的东西。（中国香港男性，18～25 岁）

Pearce 在其提出的"旅游生涯模式（travel career patterns）"概念框架中，将自我实现列为旅游动机之一[234]。进一步地，Pearce 和 Lee 在研究旅游生涯模式模型时强调了自我实现的重要性，尤其是对于经验较少的游客，这一动机尤为关键[235]。他们指出，这类游客通常是年轻人，在国内和国际旅游方面都不太有经验。尽管在本项目中，一些虚拟地导向型游客是成熟且经验丰富的，但这仍表明自我实现是旅游中的一个核心动机。未来的研究可能需要探讨在什么情况下自我实现会成为游客的主要动机。

5.2.1.3 动机三：需要避难所

虚拟地导向型游客将香格里拉描绘为一个想象中的遥远“仙境”。对他们而言，在现实世界中寻找这样一个理想的香格里拉成为核心动力。由于他们无法在自己生活的现代化社会中找到这样的理想世界，他们相信它一定隐藏在世界的某些偏远角落，或者是存在于香格里拉神话所描绘的那种超越时空的社会里。这种追寻的动机与文化好奇心以及逃离现代都市生活的愿望紧密相关。正如他们所说：

正如我上面提到的，这个故事非常有趣。我来到这里是为了享受宁静的氛围。我住在一个大城市里，那里太嘈杂了。当我来到这里时，我感觉这里非常宁静，甚至当我坐在这个酒吧里时，我也有了与大城市截然不同的特别感受。（中国女性，18～25 岁）

除了几个当地的农民，这里一个人也看不到。这就是宁静。我坐在那里大约一个小时，只是沉浸在其中。在城市的喧嚣中生活了这么久，我真的很感激能够体验到这种完全的孤独。（男性，26～35 岁）

好奇心被认为是休闲娱乐旅游动机中的一个强烈动机，它驱使人们探索新奇和多样性。在国际旅游的背景下，人们对不同的文化价值产生了好奇心。虚拟地导向型游客对天堂般的生活方式表现出浓厚的兴趣。他们对未知的世界充满好奇，并希望逃离自己的日常生活。逃避日常生活的个人问题，通过旅游获得个人和人际关系的回报，是休闲旅行者根深蒂固的目标。此外，根据受访者的回答，寻找虚构的香格里拉更像是发现他们自身地方感的一个起点。香格里拉作为一个基于个体对世界的想象和他们的价值观体系构建的幻想中的目的地，其本身不一定是一个具体的对象，而是社会建构的一部分，其存在意义由游客自身决定。虚拟地导向型游客更注重探索文化景观的意义，而非单纯追求理想中的香格里拉。

我亲自来到这里，是想亲眼见证这个地方是否真的如书中所述，是一个不同文化和种族和谐共处的天堂般的地方。我渴望这种和谐，因为我长久以来生活在充满冲突的地方。（南非男性，46～55 岁）

在这方面，文化地理学家 Salter 认为，人们在旅行时会遵循心理地图[236]。这些地图是通过与某些人、地方或事件的接触在旅行过程中积累起来的。香格里拉这一想象中的地方，已经深植于游客的心理地图之中。文化景观的本质在于个体如何解读，这依赖于个人的文化价值观和信仰体系。因此，从这个视角出发，寻找理想的香格里拉也与游客的信仰息息相关。以虚拟地为导向的游客被幻想和神话深深吸引。他们坚信，在地球上的某个角落中一定存在着这样一个超自然的地方，等待着他们去探寻和发现。

我确信有。如果你去一个偏僻的地方，或者远离人群，你可能会找到你自己的香格里拉。（德国女性，26～35 岁）

我来到香格里拉是因为我想找到可以避开朋友的山。（法国男性，18～25 岁）

是的，我也这么认为。它应该位于一个偏远而孤独的地方，就像位于一个安静山谷中的雨崩村。（中国香港男性，18～25 岁）

所有的虚拟地导向型游客都提到了“宁静”“平和”“安详”和“平静”，其中一些人表达了“逃离”“躲藏”和“亲近自然”的愿望。他们似乎是被寻找神话中香格里拉所提供的避难所的愿望所驱使的。

5.2.1.4　动机四：内心的声音

这些虚拟地导向型游客的旅游动机是寻求一种难以言表的精神体验。这种体验促使他们寻找一个被称之为香格里拉的地方，这与詹姆斯·希尔顿书中的描述极为相似——或许正是作者洞察到了人们的需求，并塑造了一个符合多数人心中理想天堂的地方，使得这本书大获成功[6]。三位受访者表达了他们在大城市生活中的迷失感和困惑。他们仿佛听到了一种声音、一种召唤，鼓励他们逃离城市，寻求一个更为宁静、富有神话色彩的简朴生活氛围。他们认为香格里拉具备这些特质，而这令他们印象深刻。

是的，我相信，香格里拉是一个宁静的地方，它就位于我心中。（泰国男性，18～25 岁）

一位游客也表达了类似的感觉，她说香格里拉一直在呼唤她：

香格里拉就在人们心中。这是我们心中理想的世界。但它似乎不是一个真实的世界。如果你一直沿着心中的路去寻找，你会让事情成真。这是你觉得自己实现的东西。它是不真实的，但如果你一直坚持下去，那就是真正的道路，无论距离有多远。真正的香格里拉就在你心中。这就是我活在这个世上的原因。

她还强调了心中有理想世界的愿景并持续寻找它的重要性，以期终有一天能抵达香格里拉。香格里拉是一个想象中的奇妙世界，可以满足人们在现实社会中无法实现的愿望。在开始寻找前，人们心中已构建了理想世界。因此，对理想世界的渴求反映了他们内心的希望与愿望。理想的香格里拉象征着他们心中的理想世界。受访者解释说，这是基于个人价值观的一种心理状态，香格里拉只能存在于个人的心中。

香格里拉作为一个象征，在后现代主义的视角中同样具有其含义，它表明人类个体的观念并不独特，而是像其他所有事物一样，由各种意义构成。后现代主义思想倡导个体对社会生活的独特理解，并提倡对不同选择保持开放和包容。人们旅游往往是为了追寻心中理想化的空间和地点所具有的象征意义，将平凡的场所升华为特别的旅游景点。在这一过程中，想象中的香格里拉便成为现实中的一个具体旅游目的地。

香格里拉是个人幻想与地理景观之间对话的产物。一些受访者提到，他们觉得理想的香格里拉在召唤他们，促使他们走进群山去寻找。对这些旅行者而言，大自然生机勃勃，它激发了他们前所未有的想象力。根据 Norberg-Schulz 提出的“场所精神”(genius loci)的概念，场所被认为具有一种独特的气质或特征，这种特质超越了个体或文化的需求与愿望。这一理念强调了场所的固有品质和身份，能够激发人们强烈的情感和精神反应[237]。另一方面，Bishop 观察到了在塑造与香格里拉相关的形象过程中存在的复杂性。具体来说，旅行者想象中的香格里拉与实际景观之间的相遇是经过精心策划的。这表明香格里拉的形象和感知并非完全自然或自发形成的，而是受到外部力量或意图的影响和塑造[7]。

Tuan 创造了“恋地情结”(topophilia)一词，用以描述人们与特定地理实体(如森林、河流、山脉)乃至更广泛概念(如家园、祖国或地球)之间的深厚联系[25]。Aristotle 把一个地点比喻成一种容器——不是简单的被动容器，而是一个有明确边界的实体。这些地方能够激发人们对它的迷恋之情。因此，香格里拉被塑造成一个神话般的存在，这些年来，它一直是许多西方人心中无尽魅力源泉的象征。

5.2.2　以藏族文化为导向的游客的旅游动机

有 16 位受访者和 21 位线上评论强调，他们此次行程的动机主要是体验并了解真实的藏族文化。他们选择前往香格里拉——一个位于西藏之外的藏族自治地区，在那里约 80％的居民是藏族，以此更深入地接触和理解藏族文化。以下数据摘录进一步证明了这一点。

> 我对藏族文化怀有浓厚的兴趣。我是汉族人，对藏族文化知之甚少，因此我渴望深入了解。这次的旅行对我而言，最令人期待的就是有机会接触和体验藏族文化。（中国/加拿大女性，26～35 岁）

这类游客到香格里拉旅游的核心动机是体验地道的藏族文化，包括建筑、艺术、生活方式和宗教。例如，一位游客表示："我对文化如何塑造人感兴趣。"另一位游客则认为，与藏族人交往并学习他们对宗教的看法是他的主要目标。此外，他们还受到自然景观的吸引。

还有一些受访者对当地居民的真实生活方式表现出浓厚的兴趣。"我听过一些关于西藏的故事，我想亲自去看看。"一名游客如是说。另一名游客补充道："每当想到西藏，心中便涌起一种神圣感。"香格里拉在国际市场上的宣传，以及游客归国后的个人分享，都在强调其神秘主义色彩。游客们依据个人兴趣，选择性地记录下所见所闻，并将照片等旅游记录发布到互联网上。正如访谈中所提到的，在线旅游评论和社交网站成为这些游客主要的信息来源。举例来说，除了自然风光，频繁上传的照片还包括身着传统藏服的年轻藏族女孩、身披红色长袍且手持转经轮的僧侣、面容刻画着岁月痕迹的藏族老妇人，以及古朴的藏族房屋。这些画面仿佛讲述着一段神话般的故事。

5.2.3　以自然景观为导向的游客的旅游动机

在这项研究中，受访者表达了强烈的愿望——希望寻求一个真实的世界。

他们中的一些人表示,体验未经改造的自然景观是他们此行的主要动机。他们喜欢尽可能地接近自然山区,进行徒步或远足。这些受访者指出,很少有偏远地方未受到现代文明影响。他们希望能在这些地方发生改变之前,体验到原始风貌。香格里拉在众多旅游指南和网络推广中,被宣传为这样的非凡地点之一。参观香格里拉的一个关键部分是挑战自我,这包括在高海拔山区徒步旅行,同时体验未经过度改造的自然景观和不同的文化。为了避开大量游客,他们试图做一些与众不同的活动。例如,

> 我们想去个游客不太多的地方。比如,每个人都去上海、北京和西安,但没人去过(书中描述的)香格里拉。(英国女性,18～25 岁)
>
> 正如我所说的,我们追随的是我们认为的非商业化的、尽可能真实的踪迹。(英国男性,26～35 岁)
>
> 我从朋友那里听说这里有个美丽且未被开发的地方,而且游客不多。我想做一些和别人不一样的事情,这就是我来这里的原因,我想亲自体验这里。(中国男性,18～25 岁)

Prebensen 等人发现,一些游客希望将自己区别于一般的大众游客。他们认为这种区分可能与个人的自我形象有关,即许多人不愿意被视为“典型游客”[238]。同时,对于自然爱好者而言,冒险和自我发现是他们旅游的主要动机。

> 大自然是这里的主题。简单,原始。在中国很难找到这样的地方。(美国男性,36～45 岁)
>
> 我知道那里有山,你会有高原反应的问题。这让我很兴奋,想看看自己是否能应对高海拔的情况。(波兰女性,18～25 岁)

这些游客主要受到香格里拉地区的自然景点和可参与活动的吸引,比如骑自行车,或在野外山区或小村庄徒步。这一发现也与研究者们观察的结果相符。在香格里拉,自行车租赁业务在早上非常繁忙。每天早上都可以看到自行车租赁店前长长的队伍,而大多数等待的人都是年轻的外国游客。他们对参观历史遗迹或寻找香格里拉的神话并不感兴趣,不相信在现实世界中可以发现这样的乌托邦,有些人甚至认为将这里更名为“香格里拉”是一个荒谬的想法。其中一位受访者说:“我听说过《消失的地平线》这本书,中国政府使用了这个名字,人们开始来这里旅游。但是,对我而言‘香格里拉’并无实际意义。”这类游

客的旅游动机总结在表5.2中。

表5.2 以自然景观为导向的游客的旅游动机

属性	维度
未受破坏的自然景观	·体验尚未改变的原始世界 ·欣赏自然美丽的风光 ·寻找高海拔的野生山区 ·体验未开发、非商业化的自然环境 ·追随自己认为的非商业化、尽可能真实的踪迹 ·从朋友那里听说这里有个美丽且未被开发的地方，且游客不多
冒险	·想去一个稍微有些野性的地方 ·知道那里有山，会有高原反应的问题。这让自己很兴奋，想看看自己是否能应对高海拔的情况 ·想看高山，喜欢徒步旅行
自我发现	·体验运动的乐趣 ·让自己的生活有一个新的开始 ·测试自己能否在存在一些困难或新的情况下应对自如 ·想在野外的徒步旅行中挑战自己，了解自己的极限 ·在旅行中成长，并学到了很多东西
将自己与其他游客区分开来	·避开热门旅游景点 ·想做些新鲜的事情 ·想做些独特的事情 ·想做些与别人不同的事情
知识	·有兴趣看到不同的事物 ·获得新的经验 ·喜欢结识来自不同文化和信仰体系的新朋友

这类游客表达了与以虚拟地为导向的游客相似的动机，如新奇性、自我发展、回归自然、探索知识和健身。此外，受访者更侧重于自然景观的原始性和非商业性。Wang详细阐述了这一动机是由技术发展的不良后果导致的环境破坏

风险所引起的[60]。他认为,虽然大城市中的混凝土建筑为人们提供了舒适和便利的生活环境,但也使人们与原始自然环境脱节。这导致人们渴望"在相对未受人为技术破坏的自然环境中寻找根源、简单、野性和真实性"。

5.2.4 三类游客的旅游动机比较

虽然游览香格里拉的主要动机不同,但游客们有一些相似的次要动机(见表 5.3)。

表 5.3 游览香格里拉的动机

动机类型	以虚拟地为导向的游客	以藏族文化为导向的游客	以自然景观为导向的游客
主要动机	・神秘而神圣的氛围 ・寻找另一种生活或自我实现 ・寻找未被破坏的环境 ・理想世界的呼唤	・藏族文化	・冒险 ・自我发现 ・将自己与其他游客区分开来
次要动机	・知识/教育 ・自然景观 ・真实性 ・逃避/放松		

以虚拟地为导向的游客被理想中的香格里拉所吸引,渴望在现实世界中寻找它。他们之所以访问香格里拉,是因为他们得知香格里拉位于中国云南。他们想亲自验证这个地方是否与理想中的香格里拉相似。当问及旅行动机时,他们并未特别强调自然风光和藏族文化,因为他们认为这些已融入想象中的香格里拉。而其他游客则认为这个神话并非他们旅行的动机,他们的参观目的主要是探寻藏族文化和原始的自然景观。以下是这些游客的引述:

我读过一篇关于香格里拉命名由来的文章,这让我又读了《消失的地平线》。尽管如此,香格里拉的神话仍然很吸引人。我和我的女朋友决定亲自体验现实与神话的契合程度。(英国男性,36～45 岁)

詹姆斯·希尔顿写了一本名为《消失的地平线》的书，描述了香格里拉（又称中甸）非凡的景色。我现在在这里！（中国香港女性，18～25岁）

有人推荐云南，但对我来说，没有特别的原因要去香格里拉，只是因为它在旅途中。我听说他们把名字改成了香格里拉，通常我不喜欢这种做法，但这不会影响我参观的决定。（德国男性，26～35岁）

不能将这三位游客明确区分开，因为他们的动机在某些情况下是重叠的。虽然对体验"虚构"的香格里拉充满渴望是部分游客的主要动机，但自然风光也是一大吸引力。藏族文化也被视为《消失的地平线》中所描述的梦幻香格里拉的一部分。因此，一位受访者（中国香港男性，18～25岁）表示，书中所讲述的香格里拉神话促使他感到有必要在网上搜索这个神秘而梦幻之地的实际位置。他发现这个地方位于中国云南省的藏区，即自称为香格里拉的地区。他还通过游客上传的照片发现，香格里拉的自然环境非常美丽。这与那些主要受到未受破坏的自然环境和香格里拉藏族文化吸引的游客形成了对比。有些游客一旦到达目的地，就会被那里散发出的神话般的气氛和情感所吸引，开始思考如果不是为了"他们自己的香格里拉"，是否应该寻找"真正的"香格里拉。一位受访者（美国女性，26～35岁）认为将中甸改名为香格里拉是荒谬的。然而，当她走在香格里拉古城的街道上，看见当地居民的日常生活时，她开始思考这个地方是否可能是真正的香格里拉。这促使她将这个地方与《消失的地平线》中的描写进行比较。另一位受访者在她的旅行博客中写道：

我从未想过自己会在天堂——当然，我也从未想过会对它感到不满。当我从中国西南部偏远山区的一个小镇下车时，我发现自己置身于詹姆斯·希尔顿1933年小说《消失的地平线》中所描述的天堂。然而不到24小时，我就准备离开了……

……最后，地势变得平坦，我们一眼望去，一边是整个城镇的全景，另一边是连绵不绝的山丘。我坐下，背靠着标志着山顶的经幡，咬下早上刚买的苹果。清新的冷空气迎面扑来，充盈着我的肺部，一种满足感涌上心头。

这一发现与之前的研究相符。先前的研究表明，人们很少因为单一动机而旅行；相反，通常是多种主要和次要原因的综合作用[227]。推动人们选择特定目的地的主要动机是决定性的因素，而次要动机则进一步丰富了这些选择。对于那些被神话吸引的游客而言，寻找理想中的香格里拉是一个独特的驱动力。香格里拉不仅是他们心目中的理想之地，也是地球上唯一官方宣布的香格里拉所在地。如果不是这样，他们可能会选择其他许多地方来满足他们的次要动机。正如一位受访者所指出的，香格里拉的自然环境与新西兰有相似之处。然而，新西兰并不能被称作香格里拉，因为香格里拉源于亚洲的神话，它应当位于喜马拉雅山脉之中。

这些游客分享了他们对理想香格里拉的喜爱程度。根据旅游动机，他们的旅游模式可以分为四种情况（见图 5.1）。

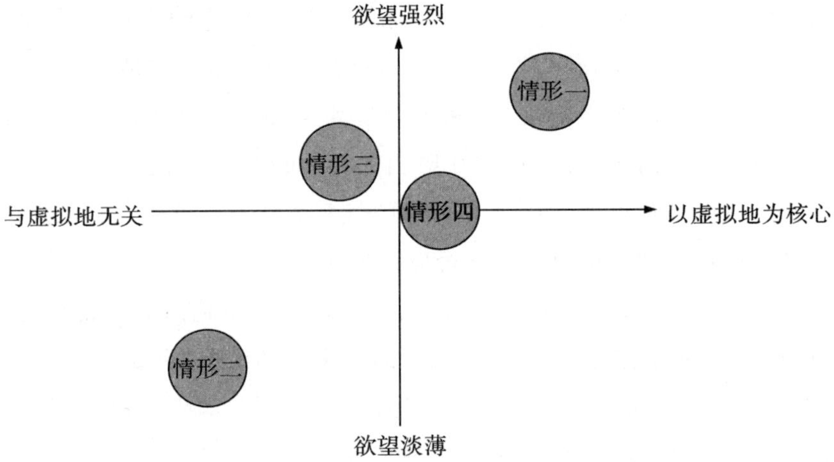

图 5.1　香格里拉游客的旅游模式

情形一描述了那些怀揣着强烈憧憬的游客的旅游模式，对他们而言，梦幻般的香格里拉是旅行的首选目的地。情形二描绘了一群对幻想不感兴趣的人的旅游模式，他们更倾向于探访自然景观。情形三揭示了一些人为了追寻对藏族文化的神秘化理解而实际前往该地，这些寻求藏族文化的人也可被视为在探索一种幻想。情形四则描述了那些出发时并无幻想动机的游客，然而一旦抵达目的地，他们便会受到那里神话般氛围的影响，进而演变为幻想的游客。

5.3　虚拟地游客动机探讨

本研究旨在探讨激发人们前往梦幻目的地香格里拉的各种因素。尽管香格里拉被广泛宣传为“人间天堂”和“消失的地平线”，但单纯因为这个名字而被乌托邦世界的理念吸引前往的游客并不多。大多数游客主要受到藏族文化和未受破坏的自然景观的吸引。从虚拟地导向型游客的反应来看，媒体关于发现香格里拉的报道激发了他们内心寻求乌托邦世界的渴望。这些游客清楚地知道香格里拉是一个虚构的地方，在地图上并不存在。然而，理想社会的理想性和和平性唤起了他们的希望，使他们相信这样的社会必须在地球上某个地方真实存在。相对地，一些受访者明确表示如果目的地是香格里拉，他们会选择不去。而其他被访者表示，他们只是想在自然环境中放松，但不确定具体去向，于是接受了朋友的建议或通过网络搜索做出了选择。当他们发现香格里拉是一个吸引人的地方后，便决定前往。这意味着主要的旅游动机促使人们寻找心仪的目的地，而媒体宣传和口碑则引导人们前往中国云南的香格里拉。

推拉模型虽解释了游客前往香格里拉的动机，但在本案例中，内在的推动因素发挥了至关重要的作用。按照 Fodness 的观点，如果不了解消费者的内在动机，外部信息是无法有效吸引人们前往目的地的[239]，这表明人们旅游是基于内在动机。Mannell 等人认为，人们旅游主要是因为一种内在的驱动力，这使他们离开家，寻求个人内在的满足感[75]。因此，文献中提出的旅游动机倾向于将旅行的原因归类为逃离和/或前往特定目的地，以实现既定的体验。Leiper 进一步指出，游客不是简单地被景点“吸引”或“拉动”，而是被他们自己的动机“推动”到能够满足他们预期需求的地方[64]。对于那些觉得需要旅游但对任何特定类型的旅游都没有特别兴趣的人来说，推拉模型可以更好地解释他们如何选择目的地，一个好的目的地更有可能吸引他们前去参观。例如：

我真的不知道这个地方，我的朋友读了关于香格里拉的故事，想去那里。我上网看了关于香格里拉的介绍，网上有很多照片，我觉得那是一个美丽的地方，所以我决定和他一起去。(中国香港男性，18～25 岁)

以往的动机研究表明，人们对目的地选择的解释有时与他们的旅游动机相矛盾，因为人们旅行不仅有有意识的原因，也受潜意识的影响。然而，这些研究主要关注特定的地点（如国家或城市）或特殊兴趣旅游（如文化旅游、电影旅游、文学作品旅游和朝圣旅游）。本研究着重于香格里拉这一不存在的虚幻目的地。研究结果表明，有些人确实渴望探索这样的虚幻目的地，以满足他们的希望、精神需求和好奇心。如对虚拟地导向型游客所言，工业化和城市化迫使他们寻求不同的生活质量。虽然游客赋予了香格里拉不同的含义，但均涉及人与自然景观的和谐。正如 Wang 所述："人是自然的一部分，而自然在某种程度上与我们的感受相协调，唤起我们最好的一面。"[60] 此外，城市化和工业化是现代化特征的两个重要社会学维度。在城市化过程中，人们被迫从半自然的生态系统迁移到人造的城市系统中。工业化过程中，人们拥有了更多闲暇时间，表明生活在现代社会的人已成为我们日常生活中重要的地理代理者[240]。Sack 再次指出："我们不仅生产产品，还消费产品。"作为消费者，我们不仅在某一地点进行消费，更重要的是，我们通过消费也在创造新的场所。地点使情感得以具体化。正如 Tuan 所言："短暂的感觉和思想通过事物获得永恒和客观性。"因此，风景或地方成为充满意义的宝库[25,240]。从这个视角来看，香格里拉既是由寻求虚幻体验的游客所创造的，也是他们消费的地点。

图 5.2 总结了虚拟地导向型游客前往香格里拉旅游的动机因素。社会结构变化，例如城市化、商业化和工业化，导致人们的生活与自然脱节和人们生活经历的不均衡。这些变化引发了一些人对理想世界或类似天堂社区的向往。该结果基于数据分析，尽管可能主要适用于香格里拉情境，却有助于解释为何人们向往虚构的目的地。此外，各种因素促使人们期待香格里拉这一梦幻般的目的地，包含其神秘神圣氛围，满足了自我实现的需求，并证实他们寻找理想香格里拉的愿望。研究还发现，对无形想象空间的期待受个人欲望和外界信息的影响。

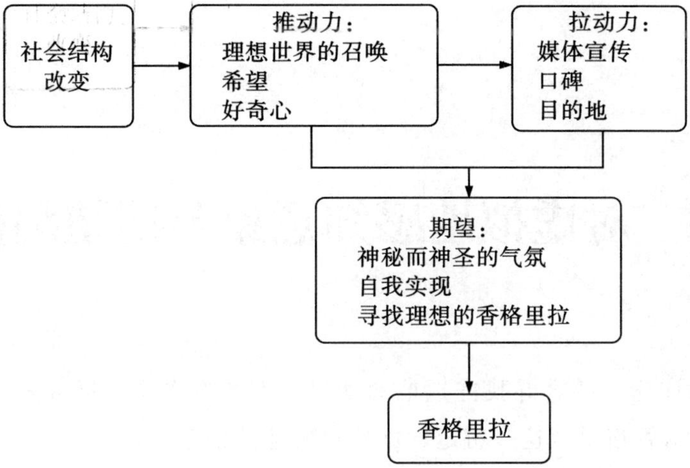

图 5.2　虚拟地导向型游客前往香格里拉旅游的动机因素

第 6 章　对虚拟地感知意象与期望编码分析

第 5 章详述了游客寻找虚拟地的动机。本章将主要分析游客对虚拟地的感知意象及对香格里拉这一特定的旅游目的地的期望。

6.1　游客对旅游目的地的理解

旅游目的地是由旅游组织和游客的想象力共同创造的空间。它们就像乐园，让人们可以在里面放纵梦想、满足欲望。按照 Michael 的看法，这些地方往往反映了人们对现实的不同解读[241]。游客看到、听到、感受到和记住的事物，不仅取决于感官接收的信息，还受到他们选择性关注的影响。人们依据自己的经验和构建的认知图景来感知和解释世界。心理学研究支持了所谓的"虚拟地旅游"现象，即个体基于图片和语言拥有巨大的想象潜力，可将实际体验过的对象在想象中转变为未曾存在的形象。Crang 提出，旅游不仅是消费的过程，还是一个积极因素，它参与了社会的演变历史[4]。在这个过程中，旅游目的地和游客的文化都经历了变化和更新。这样的过程构建了一种回应人类情感和理想化需求的神秘领域，不仅满足了游客对知识的追求，也满足了游客心理上的需求。香格里拉便是这种想象中的旅游目的地的一个典型例子。

长久以来香格里拉一直被西方社会视作天堂的象征，这一看法甚至在香格里拉被宣布为中国云南省的一个实际地点之前就已经存在。本章将详细阐述游客在访问香格里拉之前的感知，这是本书的研究关注的问题之一。为了深入了解游客对这一虚拟目的地的感知，本研究聚焦于那些主要受香格里拉神话吸引的游客的观点，而非一般游客的看法。同时，本书还探讨了以原生态自然景观为导向的游客对香格里拉的不同感知。

6.2　以虚拟地为导向的游客对香格里拉的感知

虚拟目的地源自神话故事，不同个人背景的游客对其进行个性化解读。本书的研究探讨了人们如何感知这一想象之地及其期望。在访谈中，受访者分享了他们对香格里拉的期望，同时，他们清楚地记得访问前对香格里拉的印象。然而，这些印象很可能受到现场体验的影响。因此，本书所描述的香格里拉的形象可能是经过游客调整后的形象。

对香格里拉的感知被阐述为“亚洲神话”“精神和物质的乐园”“避世之地”以及“一种心态”。然而，相关书籍中的描述也揭示出香格里拉的核心概念是世界各地文化和宗教的交汇点。尽管如此，受访的游客中并没有人提及这一点。这些反应显示出，以虚拟地为导向的游客已经接受了香格里拉的概念，并依据个人价值观念对其进行重新解读。他们被这个故事深深吸引，坚信这个地方在地球上真实存在。但是，只有约半数的人阅读过原著小说，而在实地探访前看过相关电影的仅有一人。

这一发现揭示了一个事实：以虚拟地为导向的游客的体验与那些深入了解书籍或电影原著背景的文学和电影爱好者不同。当询问香格里拉的具体所在时，多数受访者认为它仅存于人的内心和灵魂之中，或许是那个被称之为“家”的地方。其他人则联想香格里拉与美丽的自然场所和开阔空间有关，它是一个能够激发人们放松、舒适和平和感的地方。一些受访者认为这个地方可能远离家乡，少数人则认为香格里拉应当隐藏在喜马拉雅山脉中，毕竟它源自一个亚洲神话。表 6.1 总结了关于香格里拉假定位置的描述。

表 6.1　香格里拉的假定位置

序号	假定位置
1	自然之地：开阔的空间、山脉、和谐与宁静之地（例如中国云南的香格里拉、斐济、意大利撒丁岛）
2	一生中不断探索的地方
3	寄托个人情感、一种心态的地方
4	遥远、非商业化的地方，拥有简单的生活方式

续表

序号	假定位置
5	令人难忘的地方
6	给人归家感、熟悉而舒适的地方

这些回答清楚地表明，虚拟目的地首先是通过游客的想象形成的，然后他们才开始寻找一个符合他们想象的地方。想象和情感与浪漫理想相关联，指向了风景和场景。香格里拉被浪漫化为一个空间，在那里，一个人希望其“自我”与“本身”相结合。这不仅是对个人主义的庆祝，也是对自身真相的探索与理解。在旅游的背景下，浪漫主义体现为人们在精神上彼此亲近，并分享各自的价值观与信仰。浪漫主义者将目的地转变为游客的朝圣和朝拜之地。浪漫主义对旅游业的根本影响是改变了人们对地方的感知。在这方面，自然环境被象征为神圣之地[14]。同时，香格里拉也被视为一个梦中的理想目的地。

“梦想目的地”一词经常出现在旅游目的地营销宣传中。许多营销人员声称他们的目的地能为游客提供如梦似幻的蜜月之旅或度假体验。为了塑造这种梦幻般的形象，他们推广了诸如海滩、日出日落等充满浪漫氛围的元素，作为梦想目的地的证据。“梦想”这个词代表了一种模糊和抽象的概念，它本身就适合进行主观解读。人类探索梦境已有一千年之久。尽管对梦境的定义尚未达成共识，但大家都认同梦境是人们在无意识睡眠和清醒意识状态下产生的心理形象和体验。心理学家弗洛伊德将梦境定义为无意识愿望的满足，这一定义在流行文化中被用作“有意识愿望满足的投射形象”[242]。

被梦想目的地营销所吸引的游客认为，梦想目的地与友谊、亲情以及访问期间的情绪或感受紧密相关。这一发现与 Larsen 等人的观点一致，他们认为人们出于与远方的朋友、家人和伴侣建立社交网络的目的而旅行[168]。他们还指出，旅游研究忽视了旅行的一个基本意义，即社交性是旅游愉悦感的部分来源。鉴于这一点，即使是一个普通的地方也可以变成令人难忘、梦幻般的目的地。例如，由于一名受访者在某地与她的男朋友结缘，因此该地在她心中为接近香格里拉的地方。斐济因其与世隔绝的地理位置、简单的生活方式以及岛上居民的快乐生活，被认为是接近香格里拉形象的地方。

旅游业被称为体验产业，游客在做出旅游决策的时候并不总是理性的。换言之,大多数情况下,旅行决策都是非理性的。情绪也有能力强化观念、反驳观念、创造真相和摧毁现实,同时也在产生信仰体系方面发挥着重要作用。根据拓扑理论,可以将人类状况表示为一幅地图。人们的个人需求、愿望和渴望都以不同的动力和目标在运作,塑造着人们的身份和信仰。格式塔心理学,特别是格式塔感知定律,认为人们感知事物不是基于单个元素,而是从整体出发。人们倾向于"归类"事物,归类标准取决于事物整体的内在特性。格式塔理论揭示了为什么外部条件(如时间等的变化)可以对内部条件(如意义)的实现方式产生重大影响。在虚拟目的地的案例中,人们试图将想象中的地方定位到一个地理位置,这个地理位置的地形需要与他们心中想象的地形相匹配。例如,我想验证现实与神话的相似性(南非男性,46～55岁)。

根据以上讨论,关于游客对香格里拉的感知可以概括为以下六个主要方面:①具有挑战性的同时也便于接近;②具有自然神秘的气息;③能够激发人的灵性;④特别迷人的偏远和原始的特质;⑤未受破坏的自然风光;⑥小村庄简朴宁静的生活方式。

6.2.1　具有挑战性的同时也便于接近

具有挑战性和可达性是虚拟目的地的主要特征。市场可达性用于评估目的地的竞争力,这一评估可通过比较到达各个目的地所需的时间、成本、距离或努力程度的差异进行。可达性的高低常被视为判断目的地竞争力优势高低的重要因素。Deng等人指出,自然景点的可达性是旅游业发展的重要因素[243]。然而,对香格里拉来说,其可达性反而被视为劣势。受访者强调,香格里拉不应成为易于抵达的普通旅游地点,相反,它应当藏身于某处,等待着人们的偶然发现,这与小说中描述的更加隐蔽难寻的香格里拉形象相吻合。书中描绘了香格里拉隐匿于白雪覆盖的高山深处的场景,以下陈述便是基于这种感知的例子。

没有人可以接近的地方。(中国香港男性,18～25岁)

确实如此。我认为香格里拉应该位于一些难以抵达的地方,并且不应该有游客,因为游客会破坏原有的文化。(中国香港男性,18～25岁)

这个地方需要达到一种良好的平衡,而且并不容易找到。(法国男性,18～25岁)

这一发现印证了 McKercher 关于市场可达性的研究[66]。他提出,并非在所有情况下,具有强大市场可达性的目的地都比那些市场可达性较差的目的地更具竞争优势。当时间和预算限制不再是问题时,市场可达性较差的目的地会吸引那些有特定需求的人群,比如寻求隐秘之地的人。

6.2.2 具有自然神秘的气息

神秘感是香格里拉的主要特点之一。一位受访者表示:“香格里拉听起来很神秘,给人一种美的感觉。”神话或故事作为一种刺激,它们向公众介绍某个地方,并促使公众赋予其特定的认同感。换句话说,这些故事为激发人类的精神潜能提供了线索,每一个故事都融入了特定的社区和环境中。然而,尽管这些故事引领游客进入一个新世界,但确切的意义由游客的个人认同感及游客与其物理环境之间的关系来定义。

詹姆斯·希尔顿在《消失的地平线》中将香格里拉描绘成一个鲜为外界所知的乌托邦世界,它位于喜马拉雅山脉的一个遥远之地。这部小说及其随后改编的电影均以神秘为核心背景设定。曾到访香格里拉的旅行社和游客在互联网上上传了大量主题照片和视频,并在旅游杂志上发布文章,声称这些材料反映了那种神秘气氛。这些视觉图像展现了该地的物理属性,如雪山、水域和开阔地,进一步强化了游客从原著中获得的神秘体验。这些物理属性对于人们对神秘感的感知产生了积极的影响。Bishop 指出:“人们想象山脉为邪恶和仁慈的超自然生物的居所。”[7]

其中一位受访者还提到,他被电影《西游记》中虚构的“女儿国”所吸引。尽管他知道“女儿国”并非真实存在,但在听说电影取景于云南泸沽湖后,他还是去了那里。Huntsinger 和 Fernández-Giménez 研究了美国加利福尼亚州沙斯塔山游客的行为[244]。他们发现,游客将个人精神信仰与沙斯塔山联系起来,并将其转变为精神中心。另一个类似的例子是埃及的亚历山大城,它既是精神世界的产物,也是现实世界的产物。亚历山大城是历史上最伟大的城市之一,但可供展示的内容却相对较少。然而,如果游客拥有活跃的想象力,他们将能最大程度地领略这座城市的魅力。

我对历史和神话传说都很感兴趣,这些事物之间似乎总是有着千丝万缕的联系。因此,有很多地方都吸引着我,有的是因为历史原因,有的则是因为那些神话和传说。而这大概是我第一个想要来的地方。(新西兰男性,26～35 岁)

在旅游目的地,游客所体验的神秘氛围往往取决于他们深入探索景区后获得的信息量。Lynch 等人对乡村环境中构成神秘感的元素进行了研究[245]。他们采用自然景观的彩色照片作为研究工具,发现神秘感的形成与多个因素有关,包括视线被阻挡或遮蔽的程度、观景点与图像之间的距离,以及空间的开放性和可达性。

以往的研究显示,神话和故事往往是人们预想虚拟旅游目的地时的主要因素。在本次研究中,受访者普遍认为神话有其现实基础。一位受访者表示,他非常重视神话及其寓意,相信古埃及人掌握了关于世界运作的深刻知识,这些知识随着时间的流逝逐渐失传。

或许,人们更偏爱在神话故事中探寻非凡之地。例如,一位受访者表示,她选择的大多数旅行目的地都源于她阅读过的神话故事。由此可推断,一个地方如果在被公众了解之前就与某个神话故事有所联系,那么它更有可能成为一处受欢迎的虚拟旅游地。

6.2.3　能够激发人的灵性

受香格里拉神话吸引的游客期待这个地方能孕育出灵性。受访者详细阐述了“香格里拉”一词所蕴含的含义,包括“亚洲神话”“边界空间”及激发“难以言喻的感受”。在对灵性的解释上,受访者的看法各异。一些人认为它指的是藏传佛教的精神及其仪式,这些都被视为“非常令人印象深刻的”。其他人则特别强调小说中环境的灵性,和谐宁静的氛围深深吸引了他们,他们期待真实的香格里拉能与这些描述相匹配。网上发布的山区照片也唤起了他们对这个地方的灵性感受。据一位游客描述,高海拔使他“感觉离天空很近,仿佛置身于云端之上”。以下陈述进一步阐明了这些观点。

我把这个地方视为一个更具灵性的、更吸引人的所在。(法国女性,36～45岁)

每次你来到一个高地或如此美丽的山区时，你都仿佛离天堂更近了一些。（以色列女性，26～35岁）

平衡也被视为香格里拉精神的一部分。受访者将平衡定义为人类与其身处的自然环境相互作用的过程中所表现出的和谐。在描述香格里拉的形象时，他们认为香格里拉代表着未被改造的自然。如果没有现代人的存在，其自然状态可能不会被破坏。然而，如果完全没有人的话，那也将是无聊的。

我也喜欢有人的地方（想想），这取决于情况，我喜欢人与自然和谐共处的地方。在月球上，我会感到无聊，因为那里没有人。（法国男性，18～25岁）

任何人与自然和谐共处的地方，我认为那基本上就是香格里拉。在美丽的地方与大自然共生，你就更接近这个理想了。如果你身处高处，那就更完美了。（美国男性，36～45岁）

对神圣场所的感知也与朝圣旅游中的圣地有关。朝圣者将朝圣地视为根植于主流宗教的集体象征。相比之下，前往香格里拉地区的游客并非因已知的宗教活动或信仰而来访；他们受到香格里拉神话和个人信仰的影响，与普通休闲游客无异。神话和故事为虚拟旅游目的地增添了象征意义，发挥着重要作用。

原先，“圣地”一词指的是一个充满悖论力量的地方：既是毁灭之地，也是更新之地。这样的场所能够激发人们的平静感和恐惧感，应该是既可怕又迷人的。然而，现在这个词的使用已经没有了悖论性的含义，而是被想象成充满善意、治愈和同情的地方。于是，圣地被重塑为乌托邦，引发了一系列新的幻想。

在后现代的背景下，在旅游领域中寻找个人灵性成为一种新现象。灵性的维度因人而异，受个人特征的影响。以香格里拉为例，人们对这个地方的灵性期待往往与一个纯洁的世界和和平的生活方式紧密相关。

6.2.4 特别迷人的偏远和原始的特质

偏远和原始是香格里拉自然特质的两个方面。受访者希望在山中找到一个偏僻的小村庄。然而，在全球化的背景下，能保持其独特性和原始性的地方并不多。香格里拉被誉为“被发现的人间天堂”，这激发了人们对一个纯真世界的向往。在当今全球化和现代化社会中，混乱的世界促使人们追求更简单的非物质生活方式。受访者相信，居住在如此偏远地区的人们会保有人类的积极品质，如忠诚、快乐和勤奋工作。他们希望香格里拉接近书籍中的描述，并想象高山给居民带来的是一种更接近天堂的感受。

我在旅行中也曾造访过许多被誉为“香格里拉”的地方——探寻未曾触及的简朴生活，以及多元宗教与文化共生之地，体验那份超脱尘世的宁静。值得庆幸的是，在世界各地都能发现这样的隐秘角落！这些地方让人感受到一种独特的平和与宁静，宛若置身一片洁净而和谐的天地。每次踏足这样的地方，总让我对生活有了更深刻的领悟，并使我更珍惜眼前所拥有的一切！（美国女性，36～45 岁）

我想象中的香格里拉是一个人们过着简朴生活、不追求物质享受的地方，它只是位于偏远之地的一个小村落。许多人都在寻找这样一个地方。我非常想去斐济，我的朋友们认为斐济便是香格里拉的象征，因为那里的人们生活简朴而快乐。（加拿大华裔女性，26～35 岁）

对风景的浪漫想象依赖于一种对自然力量的感知。19 世纪的艺术家和诗人在浪漫主义运动中强调独处自然的乐趣，这里的向然指的是未受人类影响的自然景观，而非人工修饰过的风景。后来，Urry 将此称为“浪漫的凝视”，它强调独处、私密以及与凝视对象之间个人化、半精神化的关系[2]。

6.2.5　未受破坏的自然风光

自然风景总是吸引着游客，这些风景是旅游目的地的主要特色之一。研究表明，游客们不仅期望欣赏到美丽的自然风光，更渴望探访那些非凡而原始的自然保护区。他们心中的香格里拉，象征着一片远离现代文明侵扰的纯净之地。以下陈述清楚地反映了他们的这一向往。

我梦想中的这个地方位于山顶之上，周围有许多山峰环绕。（法国男性，18～25 岁）

非凡的景观，简单而少商业化的氛围，不同的文化。（中国香港男性，

18～25 岁)

Cosgrove 和 Bender 将景观描述为一个意涵系统，其中包含并传达了多种含义，有时这些含义是相互冲突的[46,246]。旅游业将自然景观用作构建想象中的身份认同的因素。Selwyn 指出："从景观中提炼出的隐喻构成了我们区分'我们'和'他们'时所使用的道德话语的一部分。"[61] Duncan 等人认为，景观可以像文学文本一样被"解读"[247]，它们所传达的内容与解读它们的人的社会文化和历史背景相关。

6.2.6 小村庄简朴宁静的生活方式

一些受访者把理想化的香格里拉描绘成源自小说《消失的地平线》中的一个梦幻般的乌托邦，他们希望在现实世界中寻找一个与小说中香格里拉最相似的地方。小村庄简朴宁静的生活方式以及其隐蔽性也被视作构成理想中香格里拉的关键特征。

很少有人知道这个地方……之前它被描述成一个被群山环绕的小镇、小村落……(新西兰男性，26～35 岁)

以虚拟地为导向的游客厌倦了大城市中复杂的人际关系，幻想着生活在或至少暂时躲藏在乌托邦式的世界中。在工业化世界中，个体与自然的联系被切断，变得碎片化。强调理性和自律阻碍了人们对自我统一的追求。因此，寻求浪漫化的解决方案成为必要。寻求简朴和谐的生活方式成为人们的一个理想，而旅游成为实现这一理想的手段。

6.3 以藏族文化为导向的游客对香格里拉的感知

寻找藏族文化的游客们分享了他们对香格里拉的看法，主要聚焦于传统的藏族人民的生活方式、艺术、建筑以及宗教信仰。这些游客的反馈描绘出一个地处美丽偏远山区，具有友善性质和浓厚宗教氛围的社区形象。在这样的情境下，西藏的真实世界被渲染成一个神秘的目的地。Lopez 指出，西藏拥有神秘的形象[248]。

自 20 世纪 80 年代起，西藏对大众旅游开放，为人们提供了一个充满刺激和冒险的幻想世界："危险"、浪漫以及可爱的当地人。由于文化差异，西藏一直被国人和外国人误解，被神秘化。它被视为现代世界的对立面：如果我们是文明的，那么西藏相对来说则是原始的。因其地理位置，西藏常被认为是地球上的一个庄严而遥远的"天堂"。这些观点反映了 Said 对于反对东方主义思想潜在假设的立场[249]。以藏族文化为导向的游客表现出的未经批判的、惊讶的态度，这与 Said 等人的态度不谋而合。这些游客也可被视作以虚拟地为导向的游客，尽管他们所旅游的目的地在现实中确有其地，但在他们的体验中却成了一个不同的虚幻目的地。这种结果主要是由信息差导致的。在网络时代，人们能随时获取全球最新的信息。然而，由于审视标准、价值观和传播者兴趣点的差异，所上传的信息也呈现出多样性，这导致了外籍游客对藏族文化理解上的偏差。因此，对于旅游目的地的规划管理者来说，这是一个重要的信号。他们需要从多个层面来解决外籍游客对藏族文化理解的偏差问题，具体措施包括：构建多元化的信息平台，加强文化交流与教育，培养专业的文化传播者，利用新媒体技术创新传播方式，以及建立反馈与调整机制。通过这些方法，可以更有效地将真实的藏族文化传播给更多对文化旅游感兴趣的游客。

6.4　以自然景观为导向的游客对香格里拉的感知

游客对香格里拉的感知主要来自旅游指南的描述以及互联网上之前游客上传的图片。作为一个旅游目的地，香格里拉因其偏远的位置并作为高海拔山区而被误认为是较少商业化且不太拥挤的地方。在香格里拉开发初期，游客量相对附近的丽江而言是较少的，进而吸引了很多不喜拥挤环境、追寻自然景观的游客。但随着云南省在旅游方面的开发、推广，2023 年香格里拉独克宗古城累计接待游客 777.86 万人次。下面是开发早期到此旅游的游客的一些评论。

> 这是一个迷人的山区，其中坐落着一个宁静的小村落。那里的居民过着简单而平和的生活。我有机会拍摄一些精彩的照片，因为这里未被商业化过度影响，保留了纯朴的生活方式。（中国女性，18～25 岁）

它被认为是自然和质朴的。在许多目的地,这些品质正在逐渐消失。因此,它为人们提供了可能性,去享受更多基础的户外活动,如徒步、骑行和骑马。

在我的想象中,我以为山顶上有很多山峰,你知道,我完全是在做梦。(法国男性,18～25 岁)

我阅读过书籍,也在网络上进行过搜索,并欣赏过一些精美的图片。这里的游客并不多。(泰国男性,26～35 岁)

还有些游客认为香格里拉因其平凡而引人注目,它只是一个用来指代任何偏远中国小镇的通用名称而已,然而它依然传达了野外探险的可能性。

(香格里拉)被其他游客推荐为如果你喜欢在野外徒步的话一定要去的地方。(法国男性,18～25 岁)

美丽山川、冰川和植物的故乡。(澳大利亚女性,56～65 岁)

自然始终是主旋律,它纯净而未经人类破坏。在当今中国,这样未受污染的地方已经变得难以寻觅。(美国男性,36～45 岁)

回顾访谈记录,这类游客虽然听说过或阅读过关于香格里拉的故事,但他们既不相信相关的神话,也不认为该地有神秘之处。有些人认为重新命名这个地方是个荒谬的做法。对他们而言,吸引他们的主要是小镇的藏族文化氛围以及充满冒险感的自然环境。这些游客坚称,他们选择这个目的地,并非因为那些神秘的故事,而是出于对山区及探险机会的喜爱。然而,即便是这些偏好自然的游客,也会被这里的壮丽景色深深打动,以至于产生了与他们平常性格不太相符的神秘感反应。

6.5 对香格里拉的期望

游客对目的地的期望与目的地规划有关,因为它影响游客的整体旅游体验。在本书的研究中,三类游客对香格里拉的期望存在较大差异,但对自然景观的感知方面存在一定的重叠(见表 6.2)。

表 6.2　对香格里拉的期望

游客类型	期望
以虚拟地为导向的游客	· 更贴近希尔顿小说中描绘的地方 · 既迷人又未被过度商业开发的场所 · 未经雕琢的自然风光 · 一座宁静的小村落
以藏族文化为导向的游客	· 体验地道的藏族文化 · 看到原始的自然美景
以自然景观为导向的游客	· 获得冒险体验 · 欣赏野性的自然景观 · 未被商业化破坏的纯净之地 · 保持开放的心态,不抱过多期待

研究结果表明,以虚拟地为导向的游客期望找到一个宁静的小村落,周围充满了神圣与神秘的氛围。游客们重视舒适度、安全性、自然环境,以及当地居民与游客间的和谐相处,这些因素共同营造出一种宁静和平的感觉。他们的这些期望大多与香格里拉这一神话般的理想境地相关。例如:

> 我期望会有人努力将希尔顿笔下虚构的那片神奇之地变为现实。(澳大利亚男性,56～65 岁)
>
> 我想看看现实与神话之间的相似性。(南非男性,46～55 岁)
>
> 我希望这个地方能更小一些,实际上,这个区域相当大。我并未预料到会在这里出现一个新镇子,新镇子不应该出现在这里。(英国男性,18～25 岁)

这些游客的期望不仅受到了旅游指南和朋友或其他旅行者的影响。其中一些人是在抵达云南丽江后才决定前往香格里拉的。丽江作为一个多年前就已开发的旅游胜地,以其纳西族文化和美丽的自然环境吸引了各地的游客。丽江曾被称为香格里拉,后来政府将中甸改名为香格里拉。《消失的地平线》在丽江随处可见,一些游客在抵达后便购买了此书。07 号受访者(澳大利亚男性,46～55 岁)分享道:"我最初是从《孤独星球》旅游指南上了解到这个故事的。之后，我又阅读了一些文章。游览过大理和丽江之后，我决定来这里。我在丽江购买了《消失的地平线》，不过还没来得及阅读。当然，通过文章和《孤独星球》，我对这个故事已经有了足够的了解。”

游客的期望分为两种：一种以藏族文化为导向，他们希望体验最真实的藏族文化和欣赏美丽的景观；另一种则追求未受破坏的自然之美，他们渴望通过徒步穿越海拔 3500 米以上的山脉来寻求冒险，以下就是这种类型游客的一个例子。

> 我知道那里有山，可能会遇到高原反应的问题。这让我很兴奋，我想挑战一下自己，看看能否适应高海拔环境。（波兰女性，18～25 岁）

他们中的一些人在被访问之前并没有尝试寻找更多信息，而是更愿意保持开放的心态，留给自己惊喜的空间。

> 我对那里的情况知之甚少，并没有太多了解。我只是读了一些有关那里的描述而已。无论我去何处，我总是怀着开放的心态。当你阅读这些内容时，你尝试将其形象化，这可能会让你感到失望或者震惊。（英国男性，46～55 岁）

总的来说，尽管每个人都有自己的特定期望，但他们共同的期望是能够体验到非凡的自然景观。无论个体间存在何种差异，他们都对大自然壮丽的景色有一种向往和期待。对自然美景的欣赏和追求是普遍存在的，这也是人类共有的情感之一。这种体验可能是对平静、和谐、美丽或者新奇等感受的追求，超越了特定期望，成为基本的、共同的心理需求。在对目的地进行规划和提供旅游、休闲等服务时，应充分考虑人们对非凡自然景观的期望和追求，以满足他们的基本心理需求，增强他们的满意感和幸福感。

6.6 三类游客的比较

尽管人们知道香格里拉是一个虚构的地方，但小说中描绘的理想世界深深打动了他们。它激发了人们将其视作另一种现实的渴望。受访者所追求的虚拟目的地包含了与其他类型旅游目的地相似的特点，例如文学旅游地、电影拍摄场地及宗教圣地。

在文学和电影旅游方面,游客通过作品的背景来了解旅游目的地。而在虚拟地旅游中,对目的地的想象基于个人对理想世界的信仰。这样的地方没有实际的地理定位,仅存在于个人的心中。此外,虚拟地旅游与宗教旅游在缺乏共同象征体系上也有所不同。主流的宗教旅游目的地建立在信徒共同认可的一套符号体系之上,而前往虚拟地旅游的游客会各自解读这一符号体系。表 6.3 总结了人们对香格里拉的各种感知形象。

表 6.3 人们对香格里拉的各种感知形象

感知形象	维度
梦幻香格里拉	· 充满挑战且容易接近 · 充满自然的神秘感 · 激发精神追求 · 偏远及其原始性质尤为迷人 · 未被破坏的自然风光 · 小村庄中藏族人民的真实生活方式
神秘的西藏	· 藏族人民的原生生活方式 · 藏族的艺术与建筑 · 藏族的宗教文化
未受破坏的自然景观	· 未受破坏的美丽自然环境 · 较少受到商业化影响,尚未过度开发成旅游区 · 多样化的户外活动 · 充满冒险气息的地方 · 偏远、高海拔的山区

这项研究的结果表明,人们对香格里拉的认知可归结为三大类别。首先,香格里拉是一个依托虚幻寓言构建的梦幻之境(PS),引人无限遐想。其次,由于其位于西藏边界之外的一处独特位置,香格里拉散发出一种神秘的西藏风情(MT)。最后,香格里拉也被视为喜马拉雅山脉中的一个典型的自然景观地理区域(NL),其独特的地貌风光令人叹为观止。尽管每种认知都独立成类,但它们之间也存在相互交织的共通之处,如图 6.1 所示。

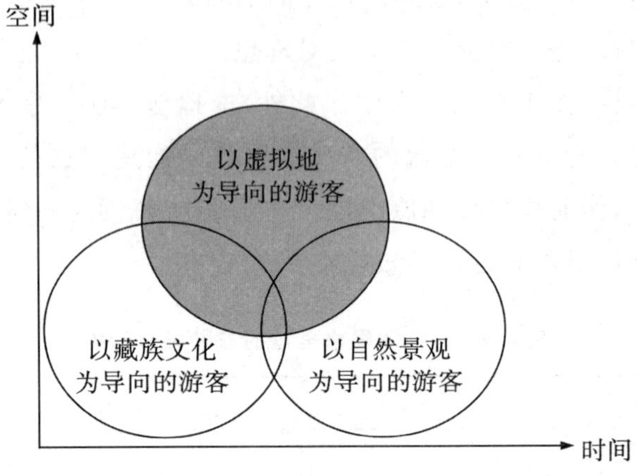

图 6.1　多种类型的目的地

图 6.1 显示,梦幻般的香格里拉被嵌入到实际的喜马拉雅山脉之中,并被视为现实中的虚拟目的地。相反,实际的西藏在人们心中却呈现出了一种神秘而虚幻的形象。大多数受访游客认为,香格里拉是一个真实存在的地方,它不仅仅是幻想的产物。面对这片壮丽景观时,他们内心涌现出深深的敬意。这表明,一些游客在访问之前或期间看到了实际地点与其梦幻特质之间的联系,但并未完全接受这一观点。例如,一位 26～35 岁的瑞士男性旅行博主写道:"……我坐在这座山上,喘着气,观察着周围的荒野。这就是香格里拉——一片未经触碰的、自然的、充满自由之地。当我凝视着一对沿地平线滑翔的鹰时,我感受到了自由,并回想起了中甸。詹姆斯·希尔顿所描述的并非某个特定的寺庙、城镇或山谷。香格里拉给我带来了惊喜,它是一种心态,由类似这样的地方所激发。"该博主在旅行博客开头明确表示,他并非因追寻香格里拉的神话而来。他在访问期间经历了自己的"香格里拉时刻"。自由和野性的山脉让他找到了自己的香格里拉。这表明,虚拟目的地可以由媒体创造,但也可以由游客个体追求和重塑。这使得许多游客坚信这样的物理地点确实存在,并激励他们去探寻。那些寻找香格里拉或热爱未受破坏的自然景观的受访者担心,过度开发最终将破坏这个地方的原始状态。然而,我们有理由相信,他们真正担忧的是他们内心对这一虚拟目的地的信念被摧毁。即便他们在别处找到了这个地方,他们也能轻易地再次在心中塑造出这个目的地。这些数据表明,这些游客不仅在寻找该地区的自然景观与文化特色,同时也在追求他们在心中构建的独特属性。

第 7 章　虚拟地体验编码分析

旅行是一个感受状态的过程。Larsen 指出，整体旅游体验与个人的“预期、动机、价值体系、态度、个性特征、自尊和情感状态（心情和情绪）”紧密相关[168]。游客旅行的目的是体验不同的氛围，感受各种亲密度、强度和复杂性[14]。他们投入金钱和时间，寻求情感刺激，追求感觉和无形的品质，而非单纯的产品。随着香格里拉旅游业的发展，一些游客被其宁静、和平、和谐和理想的生活方式所吸引，他们渴望找到自己的香格里拉。其他游客则希望亲身探索真实的藏族生活。自然爱好者则更关注原始的自然风光和在高海拔地区挑战自我。游客不只是浪漫地凝视和专注于视觉体验[26]，他们还通过亲历、实践、触摸和感受来体验这些地方。本章详细讨论了三种类型的游客体验，并根据他们的现场活动、旅游体验和评价进行了比较。

7.1　游客在香格里拉的主要活动

根据后现代主义的观点，游客会主观地解读客观事物。不同的游客在同一目的地可能会寻求不同的灵感和体验，通过分析游客参与的主要旅游活动，可以洞察到他们对当地文化、风景、美食等方面的偏好和态度。这些活动不仅反映了游客的行为模式和兴趣点，还能够揭示他们对目的地的整体感受和评价[20]。此外，主要活动反映了游客前往某目的地的动机，这会影响他们的体验。

通过分析游客在旅游目的地的主要活动轨迹，我们能更好地理解他们在目的地的行为。例如，一对年轻夫妇在抵达香格里拉后首先去了温泉。他们表示，听说香格里拉有温泉，他们来这里的主要目的是放松，只有在泡完温泉后，他们才会继续参观附近的其他景点。

根据受访者的回答，虽然三种类型的游客在香格里拉参与的活动大致相似，但他们的主要活动却有所不同。以虚拟地为导向的游客，尽管体验和参与了当地文化和户外活动，却花费了更多时间来观察、寻找和比较实际地点与他们心中想象的地点。他们探索了香格里拉周边的众多地点，并努力寻找是否有景点能够符合他们对香格里拉的理想化认知。对于偏爱藏族文化的游客，参观当地的圣地，如龟山寺和松赞林寺，以及拜访当地藏族家庭并与当地人共进晚餐，成为他们的主要活动。而那些以自然景观为导向的游客，则优先探索自然环境，主要活动涵盖了徒步、远足、骑马和骑自行车。表 7.1 展示了不同类型的游客在香格里拉参与的活动。

表 7.1　不同类型的游客在香格里拉参与的活动

活动类型	以虚拟地为导向的游客	以藏族文化为导向的游客	以自然景观为导向的游客
主要活动	·寻找香格里拉的感觉 ·观察当地人民的生活方式 ·参观寺庙	·参观寺庙 ·拜访藏族家庭 ·加入当地社区的舞蹈活动	·户外活动，包括徒步、骑自行车、远足、骑马
次要活动	·户外活动 ·加入当地社区的舞蹈活动	·户外活动	·参观寺庙 ·加入当地社区的舞蹈活动

7.2　游客在香格里拉的整体体验

研究发现，受访者在香格里拉的旅行经历与他们的期望和旅行灵感紧密相关。经过综合分析，我们总结出四种主要的感受(见表 7.2)：神秘的香格里拉氛围、香格里拉的真实体验、迷人的自然景观以及对社会现实的感知。具体而言，神秘的香格里拉氛围包括了寻找虚构的香格里拉和体验所谓的“香格里拉时刻”；而真实体验则涵盖了真实的藏族城镇风貌、藏族人民的友善与快乐、难忘的藏族舞蹈，以及那些未被破坏的自然风光；至于迷人的自然景观，则包含了大自然的美丽景致和多种多样的户外活动；最后，对社会现实的感知涉及卫生清洁的问题，以及对现代化进程的担忧。

表7.2　游客在香格里拉旅游的感受

四种主要感受	具体内容
神秘的香格里拉氛围	· 虚构香格里拉的体验 · 香格里拉时刻
香格里拉的真实体验	· 地道的藏族小镇 · 友好快乐的藏族人民 · 令人难忘的藏族舞蹈 · 未受破坏的自然景观
迷人的自然景观	· 自然美景 · 丰富多彩的户外活动
对社会现实的感知	· 清洁卫生问题 · 担心现代化进程的影响

7.2.1　神秘的香格里拉氛围

如前所述，人们的旅游体验是多样且异质的。神秘的香格里拉氛围通常只被那些以虚拟地为导向的游客所考虑和描述，而其他类型的游客并没有将这种神秘的感觉纳入他们的体验当中。尽管许多游客承认这个地方并不完全符合他们心目中想象的香格里拉，但他们确实在周围的自然环境中感受到了一种神话般的氛围。例如，一位受访者这样表示：

香格里拉是一个神圣而美丽的地方。我早有耳闻，它总给人一种神秘感。亲自参观后，我发现它完全符合我的期待。（中国女性，18～25岁）

其他类型的受访者也提到了“香格里拉时刻”。这一概念指的是游客在旅行中经历的一种强烈的情感体验，特别是在他们游览某些地区时所引发的心境。这种旅游体验是个人的，并且与旅游动机和游客类型紧密相关。那些因文化和自然环境而访问香格里拉的游客表示，尽管香格里拉的神话本身并不是他们的主要兴趣，但是当他们深入体验当地的氛围时，便会激发出所谓的“香格里拉时刻”。

7.2.2 香格里拉的真实体验

在众多特色旅游领域，如文化旅游、朝圣旅游、葡萄酒旅游、文学与电影旅游中，游客始终推崇并寻求真实的体验。这种对真实感的追求也是许多人选择前往香格里拉的关键原因。然而，关于“真实性”或“原始性”的体验，游客可能会带有强烈的先入之见，这一点将在后文详细探讨。

尽管如此，与乡村的真实接触、与当地人的深入交流、观察真实的家庭生活以及欣赏未受破坏的自然环境，对所有类型的游客而言，都是难以忘怀的经历。以虚拟地为导向的游客希望在现实世界中发现一个接近乌托邦的香格里拉；而以藏族文化为导向的游客和那些热爱未被改造的自然美景的人，则更有选择性地探索他们心中的真实西藏和希望保持原始状态的自然景观。

大多数以虚拟地为导向的游客表示，周边的小村庄与他们想象中的香格里拉相似，而政府宣传的香格里拉却让他们感到失望。例如，一位中国女性(18～25 岁)在博客中写道：“香格里拉的壮丽风景与传统文化给予了我巨大的精神享受。‘精神’二字足以形容香格里拉的和平氛围，加之丰富的宗教遗产，这描述非常恰当。”

但一位年龄在 26～35 岁的新西兰男性却持不同观点：“这个地方看起来并不像是神奇的。它看起来和中国其他地方没什么两样。这里的小镇给人的印象不太好。直到你抵达湖边，才会感受到你在寻找的那种印象。也许，这里的古镇很不一样，它有历史，而城镇的其他区域则与之截然不同。”

这位男士认为自己是一个相当内向的人。在采访开始时，他并没有提到香格里拉的神话，直到后来笔者问了一个与这个故事有关的问题，他才面带羞涩地笑了笑，承认他去香格里拉主要是因为它的名字。他希望在现实世界中找到那个被描述为极其吸引人的乌托邦世界。为此，在前往香格里拉之前，他购买了《消失的地平线》这本书并观看了同名电影。

他在香格里拉逗留了七天，体验了城镇及其周围环境。他努力寻找现实与虚构中的香格里拉之间的交集。然而，他对香格里拉小镇本身感到了失望。但在周边地区，在某种程度上，他找到了心中的香格里拉。“有一些地方——比如白水台——完全符合预期。当你离开这里的主要城镇，看到其他地区时，你会想，也许正是这样。比如在去白水台的路上，你会看到许多村庄以及建在山坡上的房屋、种植的庄稼和其他东西，它们看上去正好符合你的预期。"

他的观点与其他人大致相同。根据游客评论和受访者的描述，在香格里拉地区内，有几个地方非常接近人们心目中想象的香格里拉，例如虎跳峡、白水台、纳帕海、梅里雪山和雨崩村，以及这些地区周边的一些小型村庄。然而，被广泛宣传的香格里拉却让以虚拟地为导向的游客和其他类型的游客感到些许失望。

这个小镇只是另一个中国小镇，普通而平凡。（英国男性，36～45岁）

如果中甸是天堂，那么我想要回我的钱。（新西兰夫妇，26～35岁）

通过分析访谈和旅游博客，发现游客非常强调体验"真实"的藏族文化、生活方式和"原始"村落。以虚拟地为导向的游客和受藏族文化影响的游客比热爱原始自然的游客更加关注真实性问题。友善的居民给他们留下了深刻印象。12名受访者和14名博主认为该地区仍保留了其真实性，而另外23名受访者和24名博主对其不真实的外观表示失望，23名热爱自然的游客未提及真实性体验。例如：

我以为藏族文化只是给游客看的，我没有意识到藏族人民每天都穿藏族服饰，即使游客不在他们身边。（英国/波兰女性，18～25岁）

与中国其他小城镇相比，这是一个古色古香的小镇，仍然保持着主要的真实性（美国男性，18～25岁）

这个小镇比大理和丽江更真实，后者完全是为游客而建的。我很高兴我们能在它成为另一个主要旅游目的地之前看到它。（美国女性，18～25岁）

它看起来是全新的，老城区正在重建，以模仿一个古老的藏族城镇。（英国女性，18～25岁）

在旅游研究领域，真实性是一个备受争议的概念，这是由目的地管理者的个人承诺、官方指令和经济需求等因素共同塑造的。游客同样能够根据社会条件创造出多种真实性概念。当他们描述自己的经历时，便引发了关于真实性的讨论。在追求令人满意的真实体验的过程中，游客通常会将自己及自己的经历与其他游客进行比较和定义。

在这项研究中，正如受访者之前提到的，受藏族文化影响的游客和热爱自然的游客认为，真实性来源于藏族人民的生活方式、服饰、历史建筑、藏族建筑、语言、美食、仪式、偏远地区的小村落以及荒野空间。以虚拟地为导向的游客则将真实性定义为偏远且难以寻觅的小村落，那里的居民稀少，过着与非凡自然环境和谐共生的简单生活。事实上，对于以虚拟地为导向的游客来说，真实性在很大程度上是个人精神层面的问题，因为世上并不存在这样一个具体的地方。香格里拉的真实感深植于每个人对其的个人解读中。不真实的感觉往往出现在过于商业化或游客过多的地方。一些受访者表示，他们决定前往所提议的香格里拉，主要是因为这个地方还未遭受开发破坏。

综上，真实性主要是由游客主观构建的，受个体的文化背景、信仰和价值观影响，同时也由目的地的物理属性所决定，这些属性进而影响整体的旅行体验。该发现与 Waller 和 Lea 关于西班牙的真实性研究的研究结果一致。他们确定了与真实旅游体验相关的四个因素：①直接接触访问地的独特文化，如历史建筑、传统活动和当地语言；②游客互动，即任何涉及大量游客的体验都因此变得不真实；③独立程度；④游客感受符合游客对该国的固有印象[250]。Belhassen 等人提出了朝圣旅游真实性概念框架，指出真实体验由朝圣者的信仰、访问地点及所从事的活动共同塑造[251]。这三个要素相互关联，地点和信仰构成朝圣者阐述其旅游活动意义的物理和社会背景，这种意义感是产生真实性体验的基础。

7.2.3 迷人的自然景观

香格里拉被宣传为“少数未被触及的自然之地之一”，这吸引了众多渴望体验独特自然景观的游客。尽管有些游客对小镇本身感到失望，但大香格里拉地区的环境和景点满足了他们对独特景观、户外活动和探险可能性的追求。以虚拟地为导向的游客对镇周围的自然景观也持积极态度。

在 65 名受访者的评论中，大多数人对风景表示满意，其中 27 名游客没有特别提及自然风景，仅有 4 名游客表达了负面看法。2 名受访者认为，他们之所以未能欣赏到最佳风景，可能是因为他们选择的 7 月并非最佳观赏时间。基于网上看到的壮观照片，他们计划在其他季节再次访问。一名对体验神秘香格里拉抱有高期望的游客，因高原反应未能探索而对旅游体验感到失望。另外，受藏族文化影响的游客对自然环境的关注较少，相比之下，他们对藏族文化表现出更高的兴趣。例如，摘自采访和旅游博客的一段表述：

真是令人震撼，我从没见过这么大的平原和这么高的山。我以前也从没去过这么高的地方。（英国男性，18～25 岁）

我已经去过虎跳峡，那里真的很令人振奋。那里的组织工作也做得很好，少量的开发也符合自然规律。看到那些山，让我想起了神话是如何产生的。它们就像守护我们的神灵，一直都在那里。真是令人赞叹。（法国女性，36～45 岁）

最棒的经历就是走到河边，沿着山走的那条路非常危险，是对意志的考验。除非你亲身经历，否则你无法想象那有多么危险。（中国香港女性，18～25 岁）

7.2.4　对社会现实的感知

大多数游客，尤其是以虚拟地为导向的游客和受藏族文化吸引的游客，都提到了体验当地的社会现实。在这方面，他们主要强调了两个主题：不考虑后果的开发导致独特性的丧失，以及卫生和清洁问题。

香格里拉从 20 世纪 90 年代末开始发展，但与中国其他地区相比，其发展水平仍然较低。在开发早期前来此地的游客，是为了在这片地区过度开发之前体验传统的当地生活方式。一位 18～25 岁的伦敦游客说：之所以选择香格里拉，是因为听闻香格里拉这个地方后，发现还在开发初期。他认为，以中国的发展速度，香格里拉这样独具特色的地方很可能会很快发生巨大变化。他是开发初期游览香格里拉的游客之一。与此同时，一些接受采访的游客和旅游评论也表达了他们的担忧：随着商业化进程的推进，香格里拉可能会逐渐丧失其独有的魅力。香格里拉作为一个集自然美景、民族文化与神秘传说于一体的旅游胜地，其地理位置的独特性和旅游资源的丰富性毋庸置疑地吸引了国内外众多游客，从游客量的角度来看，其作为旅游目的地的成功是显而易见的。但是，如何将人为虚构的地方转换成旅游目的地仍然是一个值得进一步研究的课题，这涉及其内涵的设计和规划问题，需要深入挖掘虚构元素的核心魅力。当被问及在香格里拉的经历是否符合他们的预期时，一位美国男性受访者（年龄 18～25岁）这样回答："是也不是。老城区非常漂亮，但游客众多。然而，这并不是问题。因为香格里拉的其他区域或多或少都呈现出中国小镇的风貌，这正是我所期望的。"他补充道，"毕竟，这里是中国。"

当游客们发现其他地方也有类似的体验时，他们对这个地方的独特幻想就岌岌可危了。原本，他们对这个地方抱有独特的期待，但一旦发现这种特色并非独一无二，他们的幻想便受到挑战。这种认知上的冲突和失落感引发了他们的担忧：他们担心自己的旅行体验会变得平淡无奇，失去了原本期待中的神秘感和独特性。数据显示，这些人不仅在寻找该地区的自然和文化特色，还在寻找他们心中已经形成的精神寄托。

一位受访者指出："香格里拉环境很美，但开发方式过于盲目、贪婪和具有破坏性。城外有些地方与书中的描述相近，但绝对不是香格里拉……"这一评论很有趣，因为这个人对中国有一些先入为主的看法，他本希望香格里拉不会受到这些看法的影响。幻想可以在平凡和普通中存在，但现实的真实性却能让幻想破灭。当然，这些先入为主的观念是虚构的，它们是游客幻想的一部分，在实地很容易消散。

这意味着，目的地规划者迫切地想要创造出他们认为游客想要看到的香格里拉，但实际上可能过度开发了，破坏了游客心中创造的"幻想"泡沫。因此，前往幻想中的目的地成为一种不断逃避"真相"的方式。实体的缺席唤起了幻想中的虚无和空洞的存在。自然和偏远的地方更有可能成为幻想目的地。

游客们在体验当地生活方式的同时，深刻感受到了云南香格里拉在卫生与清洁方面面临的挑战。这些挑战可能源于对卫生标准的不同看法或早期游客的固有偏见。随着旅游目的地的逐步完善，其公共卫生状况已经显著改善。

为了提升公共卫生水平，当地政府实施了多项措施。例如，通过厕所革命、推广净餐馆活动以及增设洗手设施等举措，大大提升了公共卫生条件。此外，专职工作人员负责定期检查城区洗手设施的运行和清洁消毒记录，确保所有设施都得到妥善管理，这包括日常的清洁、消杀工作，并保证配备如香薰、洗手液、卫生纸等必需品。同时，为了进一步保障游客和居民的健康，洗手区域还张贴了七步洗手法的指导图示。这些改进不仅提高了卫生水平，也使游客的体验更加良好。

7.3 评估旅游体验

为了考察游客对香格里拉旅游体验的整体态度,本书的研究采用了期望失验理论,并对访谈数据进行了交叉对比分析。该理论是在对消费者的体验进行评估时广泛采用的一种方法[252],消费者的满意度与他们对目的地的期望及实际体验之间的差距相关。如果目的地符合消费者的期望,他们会有积极的体验;反之,期望失验会导致负面看法[123]。在旅游满意度的研究中,这一理论被用来测试那些经常出国但从未去过西班牙的游客的满意度,结果证实期望失验理论能较好地预测游客对目的地的整体满意度。特别是在根据旅行原因对游客群体进行划分时,期望失验作为预测指标的效果更为明显。在本研究中,除一位重游的受访者外,所有受访者都是首次访问香格里拉且海外旅行经验丰富的游客。我们比较分析了这些受访者的期望、旅行动机以及整体体验,并将详细结果阐述如下。

大多数受访者和线上分享者都非常享受他们的旅行,其中一些人表示,等有时间时还会再来。虽然他们对自然景观和藏族文化感到满意,但过度开发令这些游客感到担忧。他们担心开发会破坏该地区的独特性,进而将其变成一处商业化的旅游景点。

尽管所有受访者和线上分享者都对藏族文化和自然环境感到满意,但他们否认宣传中的香格里拉接近他们想象中的景象。实际上,他们认为两者之间存在巨大差异,尽管宣传资料描绘了美丽的风景和友好的居民,但许多受访者和线上分享者认为,只有在小镇之外的一些地方才能找到更接近虚构中香格里拉的景象。

以藏族文化为导向的游客对于神话传说并不感兴趣。此外,追求未受破坏自然之美的游客在探访虎跳峡、白水台和梅里雪山时,体验到了强烈的神秘感和神圣感。有些游客甚至表示,在香格里拉地区找到了属于自己心中的香格里拉。

大多数以虚拟地为导向的游客对宣传中的香格里拉感到失望,只有一位居住在大城市、在北京上大学的中国女性受访者例外。她提到,坐在小酒吧里手握一杯咖啡时，感受到一种特别的神秘感，这是她在访问其他大城市时从未体验过的。也许正因为她的背景，她对宣传中的香格里拉感到满意。

香格里拉以其未受破坏的自然环境和藏族文化满足了游客的期待。虽然以虚拟地为导向的游客对那里所见之物感到不满，但他们确实发现该地区周围的某些地方与乌托邦世界相匹配。这对目的地规划者来说是一个重要的启示：尽管香格里拉是一个虚构的地方，但每个人心中都有属于自己的理想之地。如果规划者能够根据游客的期待精心设计这一区域，它就有可能吸引这类游客。在这种情况下，游客心目中的香格里拉是："只有少数人知道那片土地。它是一个完整的县，并不太符合我心中的理想之地。似乎任何人都可以来此，任何人都可以居住，并且范围非常广阔。之前的描述就像一个隐藏在群山中的小镇或小村庄，这与我心中的形象不符。"（新西兰男性，26～35 岁）

这一发现表明，真实感建立在建构主义真实性之上，这意味着真实性是社会建构的，而不是可以客观衡量的。Wang 也提出了三种真实性，即客观真实性、建构真实性和存在真实性。客观真实性指的是原物的真实性；建构真实性指的是游客通过图像、期望、偏好、信仰和权力等方式，将真实性投射到游览对象上；存在真实性指的是一种通过旅游活动激活的存在状态[253]。Shaw 和 Williams 修改了 Bruner 和 Wang 的研究，他们认为没有绝对的真实性，传统是被发明和构建的，涉及权力和社会建构[254]。真实性是多元的，取决于游客及其视角。真实性是指游客根据持有的刻板印象和期望对所游览的文化赋予标签。不真实或人造的东西也可以展现出一种新兴的真实性。

所有受访者和旅游博主都认可友善快乐的当地人。结识来自不同文化和信仰体系的新朋友是旅行的主要动机之一，而真诚友好的当地人的存在满足了这一需求。游客对与当地人互动的体验给予了积极评价。最受欢迎的活动包括拜访藏族家庭、与当地人共进晚餐、与当地音乐家交流以及跳舞。

总的来说，这些发现表明，满意体验的程度取决于人们对目的地属性的期望与现实之间的契合度（见图 7.1）。热爱大自然的人对物理自然环境及相关活动（如徒步、骑行）抱有高期望。同时，他们对在这些地方的旅行体验感到非常满意。当他们被神奇的自然环境包围时，他们也会充满惊异，觉得自己仿佛找到了心中的香格里拉。而在访问之前，这种情景是他们未曾预料到的。

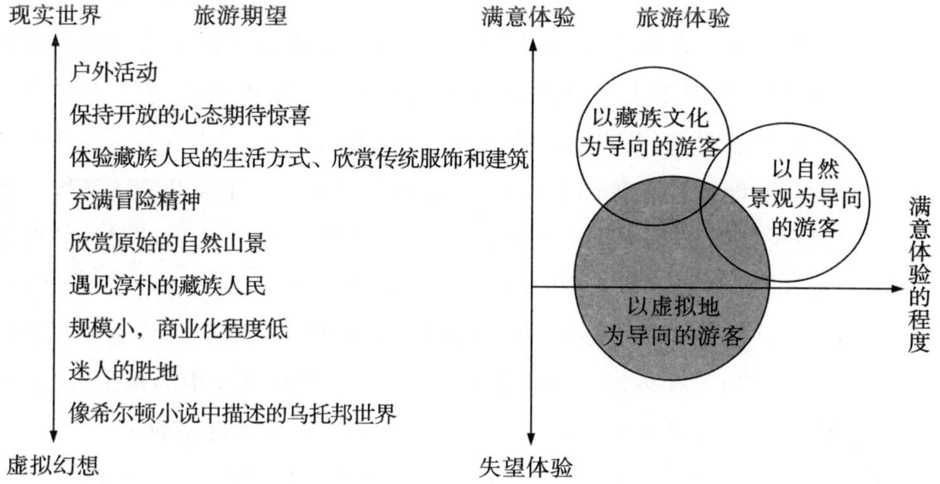

图 7.1　整体体验

那些为了藏族文化而旅行的受访者视自己为现实主义者，他们中的大多数人并不相信存在乌托邦式的香格里拉世界。这类游客对香格里拉的印象是基于西方媒体的报道形成的。在 Bishop 所描述的典型案例中，藏族文化在西方社会中被神秘化和浪漫化。但西藏的理想化形象与现实中的西藏存在较大的差距[7]。人们假设，由于这种理想与现实之间的巨大差异，这类游客可能会感到失望。然而，事实上，他们对真实的藏族生活感到惊讶，并且对他们体验的藏族文化非常满意。据说，那里 80％的居民是藏族人，他们保留了自己的文化和生活方式。投射的形象与实际形象之间的差距，并没有影响游客们的满意度。需要强调的是，对于那些对有形目的地属性抱有较高期望、对无形属性期望较低或对可能实现的无形属性抱有较高期望的游客，很可能会经历更高水平的满意体验。

在这项研究中，以虚拟地为导向的游客对香格里拉感到非常失望。他们发现宣传资料中的香格里拉与理想中的景象相去甚远。虽然他们欣赏藏族人民的生活方式和自然风光，甚至在周边地区感受到了一些虚构的香格里拉氛围，但总体体验仍然是负面的。

这些游客意识到宣传中的香格里拉不可能完全如乌托邦一般，但他们仍然怀有找到这样一个乌托邦式世界的期望。当现实未能满足他们的期待时，他们更倾向于责怪现实不够真实，而不是去质疑自己的先入之见。我们必须认识到,在快速发展的现代化世界中,实现具有乌托邦属性的理想是非常困难的。

这些发现证实了之前关于游客体验的研究。游客的满意体验程度与他们的认知和情感期望、期望失验以及目的地形象之间存在相关性[130,182,183,189,255]。这些先前的研究表明,积极和消极的情绪显著影响游客的整体体验。认知期望在很大程度上解释了满意度水平的差异,但如果积极情绪能够补偿认知期望的负面失验,那么整体体验就不会受到影响。目的地形象也在游客的整体体验中发挥着重要作用,并对整体满意度产生积极影响。Del Bosque 等人也指出,情绪可能不仅受到认知失验的影响,还会受到关于目的地能够提供什么的先前观念的影响[182]。因此,有必要分析期望在形成积极和消极情绪中的作用。Chi 和 Qu 认为,大多数早期关于游客体验的研究都忽略了考虑满意度前因[184]。值得注意的是,在旅游背景下,整体积极体验应与对单个属性的满意度区分开来。研究者通过综合方法对游客满意度进行了调查,并证实目的地形象对整体满意度和属性满意度都有积极影响,而属性满意度则积极影响整体满意度。

这些研究主要关注了普通的旅游目的地,所测量的内容是有形属性,例如购物、活动、住宿、交通便利性、景点、环境和餐饮。情绪测量包括兴奋、激动、高兴、满足和困倦等项目。然而,目前还没有研究探索哪些属性引起了这些情绪。前往虚拟目的地的游客构成了一种有特殊兴趣的游客类型,这些游客有对精神层面的更深的探索。当这些精神期望未能实现时,游客对宣传中的“香格里拉”感到失望。有两项研究探讨了相似现象。

Carl 等人研究了游客在新西兰“中土世界”(即《指环王》电影的拍摄地)的体验[256]。他们发现,那些期望较低的游客因自然美景与电影场景相符而感到惊喜。事先对这个地方有所了解的游客到达新西兰后感到相当满意。相反,那些期望保留更多原电影拍摄场景或觉得自然景观不如电影中经过数字增强的壮丽场景的游客则感到相当失望。即使存在电影拍摄场景的遗迹,一些游客由于渴望更加原始的自然体验而感到不满足。

类似地,Connell 和 Meyer 评估了游客重返苏格兰托伯莫里电影拍摄地的意愿[257]。他们发现,托伯莫里对游客访问的影响越小,成年游客的满意度越高。对托伯莫里相关活动抱有较高期望的游客表示失望,尽管如此,他们仍喜欢托伯莫里周围的景观。与新西兰的《指环王》拍摄地不同的是,这个电影拍摄地未经组织,游客对有形属性(如交通、成本、设施和活动)的不满情绪很高。

正如之前的满意度研究所表明的，我们应该关注哪些属性会影响认知和期望以及这些属性如何影响认知和期望，特别是在特殊兴趣旅游的情境中。结合有限研究和本研究，我们认为，在特殊兴趣旅游中，尤其是对于虚拟目的地，游客对目的地的无形属性抱有很高的期望。其中有些无形属性是可以实现的，例如平静的感觉、放松的状态；而有些则难以实现或无法实现，如理想中的乌托邦世界。目的地规划者需要研究这些无形属性在多大程度上可以具体化，以符合游客的期望。虽然游客关于精神层面的期望往往难以完全满足，我们仍可以通过仔细倾听游客的心声来调整服务和体验。

第 8 章　寻找虚拟地游客的心理特征及虚拟地旅游现象的理论框架

旅游业被视为“体验产业”，众多游客寻求更深层次的体验。对游客心理特征的研究有助于理解他们的旅行动机、期望、感知以及旅行体验，从而使目的地规划者能够创建出一个富有创意的旅游空间。本章主要分析受访者对自己性格的自我评估，从而揭示了游客的特征；通过对分析结果的汇总，提出了虚拟地旅游现象的理论框架。

通过分析游客特征，有助于理解他们在访问虚拟地时的行为。为此，我们准备了以下五个问题进行评价：①神话在你生活中的重要性是什么？它对你的生活方式有影响吗？②神话故事对你选择目的地有影响吗？你在旅行时会遵循神话吗？③当你面对个人问题时，你如何解决它？④当涉及旅行的决策时，决策过程总是相同的还是不同的？⑤你如何描述自己的个性？

8.1　以虚拟地为导向的游客

从受访者的回答中可以看出一个模式：以虚拟地为导向的游客都对神话故事感兴趣，并在选择目的地时受这些故事的影响（见表 8.1）。例如，一位受访者（英国男性，36～45 岁）说：“神话提供了逃离平庸日常生活的方式……阅读这些故事激发了我的想象力，给我一种振奋的感觉，仿佛获得新生。我喜欢它们，但不认为它们与现实有关。这是我第一次因神话而来到某个地方。”其他受访者，如一位美国男性（18～25 岁）和一位澳大利亚男性（46～55 岁），也认为神话对我们的日常生活有重要影响。

表 8.1　以虚拟地为导向的游客特征分析

神话影响	性格特质	旅行决策
· 虽然不认为神话是真实的故事，但读到某些地方的信息时，偶尔会因神话故事而对某个地方产生兴趣，这也是人们选择去香格里拉游玩的一个原因 · 神话提供了一种逃离日常生活的方式 · 有时，会根据神话传说去旅行 · 神话是人类经验的象征性表达 · 宗教也可以看作是另一种形式的神话	· 充满冒险精神 · 幽默风趣，乐于玩乐 · 难以预测 · 智慧与思想开放并存 · 好奇心强 · 性格以内向为主，偶尔表现出外向特质	· 做事有条理，但也会留出空间听从直觉，实际上，更倾向于依赖直觉 · 在决策过程中，尤其是在制订旅行计划时，认为情感是重要的参考因素。在收集了必要的信息后，喜欢根据直觉来做出选择

这个群体的个人心理特征是充满冒险精神、好奇心强、难以预测以及思想开放。有两位游客将自己描述为外向型，另外九位受访者则表示虽然自己性格内向，但有时也能变得外向。他们在解决个人问题和做出旅行决策时努力保持条理性和逻辑性思维，但总会给直觉留些空间。尤其是在做出旅行决策时，情感发挥关键作用；一旦找到必要的信息，直觉便会占据主导。

8.2　以藏族文化为导向的游客

以藏族文化为导向的游客否认受到神话故事的影响，他们将讲故事视为理解文化的一种手段。他们对人们实际的生活方式感兴趣，并强调了关心尊重他人、敏感度、真诚、务实态度、行动导向和冒险精神的重要性。同时，他们自认为是性格内向的人。在处理个人问题或做出旅行决策时，他们通常偏向于逻辑思考并喜欢制订计划。不过，有一位受访者表示，她在做决策时更依赖于直觉而非逻辑思考（见表 8.2）。

表 8.2　以藏族文化为导向的游客特征分析

神话影响	性格特质	旅行决策
· 神话展示了人们真实的生活风格 · 通过讲述故事来理解不同文化是一种有效且可取的方法 · 这些神话故事对旅行决策并未产生任何影响	· 真心并尊重他人 · 真诚 · 充满冒险精神 · 内向 · 务实 · 敏感	· 更偏向于逻辑思考，喜欢制订计划 · 比起逻辑思考更依赖直觉

8.3　以自然景观为导向的游客

以自然景观为导向的游客对神话故事不太感兴趣，也不会仅因神话而选择旅行目的地（见表 8.3）。他们旅行的主要目的是欣赏大自然之美。这一群体的特征包括冒险精神旺盛、直觉敏锐、好奇心强和高度敏感。其中大多数受访者自认为性格外向，只有两位表明更倾向于内向。在处理个人问题和做出旅行决策时，他们既依靠直觉也注重方法，并强调“预算是重要考量因素”。

表 8.3　以自然景观为导向的游客特征分析

神话影响	性格特质	旅行决策
· 神话能够塑造文化，进而间接地塑造个人的道德观念 · 没有影响	· 冲动 · 智慧 · 充满冒险精神 · 外向 · 好奇	· 倾向于依据直觉行事，然而需要确保保持一定的平衡 · 预算很重要 · 在做出旅行决策时，情感与直觉起着决定性的作用

总结来说，41 位受访者均表示自己具备冒险精神和好奇心。以藏族文化或自然景观为导向的游客通常认为自己更偏向逻辑思考，以虚拟地为导向的游客

则认为自己更情绪化和直觉敏锐。以藏族文化或自然景观为导向的游客通常认为自己性格外向，而以虚拟地为导向的游客则倾向于认为自己较为内向。尽管这一发现不能概括所有内容，但它确实提供了一些参考，有助于我们了解哪类人更有可能成为以虚拟地为导向的游客。该研究聚焦于个体游客，特别指出以自然景观为导向的游客展现了典型的背包客特质，如关注预算、独立策划旅行、灵活安排行程以及重视与人交流。这与 Pearce 关于年轻经济型游客的研究相吻合[234]。根据 Plog 提出的离心/向心模型，香格里拉吸引的游客往往属于离心型，这类游客的人格特征包括冒险精神和自信等[137,142]。

8.4　激发游客寻找香格里拉的因素

Strauss 提出的数据分析范式有助于研究者从数据中总结出理论框架[193]。该范式在分析数据时强调因果条件、现象、背景、介入条件、行动/互动以及结果。这些条件是研究者寻找问题答案的线索，例如"为什么""何时""何地""如何"以及"发生了什么"。背景由一系列条件构成，它们通过某种形式的行为或互动来引发个体的反应。结果则是行为或互动的后果，或是对事件的情感反应。在该数据分析范式的指导下，我们发展并构建了一个理论框架，如图 8.1 所示。

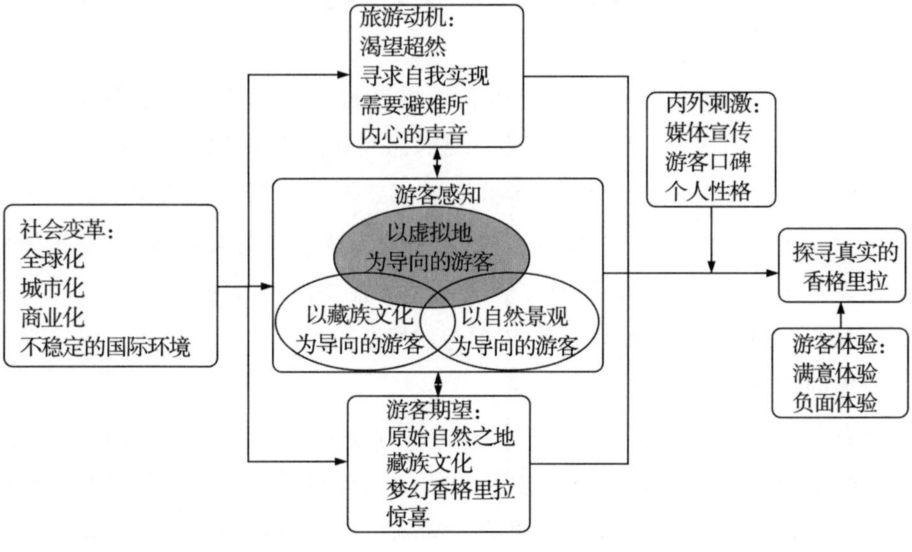

图 8.1　虚拟地旅游现象的理论框架

在这项研究中，因果条件指的是激发游客对理想世界——即虚幻的香格里拉——追寻欲望的因素。根据受访者的回答，这些因素涵盖了社会结构的变化以及个人的触发动因。社会结构的变化主要指全球化、商业化、城市化，以及不稳定的国际环境的影响。从人口统计学数据来看，这些受访者主要来自发达国家或大都市区域，他们的受教育水平至少达到大学程度。很多受访者表达了对高科技环境、摩天大楼及城市拥挤所带来的压抑感的厌恶，认为这样的生活让人与自然的联系断裂，并感到生活缺乏意义。例如全球定位系统（GPS）和手机等科技的普及让人们感觉无处遁形，私人空间受到侵犯。因此，他们渴望寻找一个未受现代发展破坏的自然避世之地。

触发这种内心欲望的因素包含媒体宣传、游客口碑以及个人兴趣和个性。广泛宣传的香格里拉探险活动和游客分享的旅行博客吸引了那些对神话故事充满兴趣且长期寻求心灵归宿的人们。虽然多数受访者并不相信能在现实世界中找到一个真正的香格里拉，但约有三分之一的人仍愿意去探寻，希望将自己的理念与传说对照。在这一过程中，对于神秘传说的兴趣催生了他们想要亲自探求那些故事中描绘的地方的愿望。这些故事对他们的信念产生了积极影响，但并未成为宗教信仰。这些游客自认为是依靠直觉行事的人。

8.5 对香格里拉的认知及界定

本书的研究探讨的是游客如何体验香格里拉的真实程度。他们被一种神秘而神圣的氛围所吸引，并怀着自我实现的愿望，希望寻找到心中理想的香格里拉。游客们感受到理想世界的召唤，希望探究传说中那片土地与他们心中的理想世界有多少相似之处。他们寻求的是一处未受破坏的自然风光、丰富多彩的文化以及充满惊喜和梦幻般的香格里拉。尽管香格里拉源于小说《消失的地平线》中的一个乌托邦式虚构的地点，人们对这个梦幻之地的认知却既来自于大众媒体的描述，也源于个人的想象。

所有受访者都听说过关于香格里拉的故事。部分人在前往之前已经阅读过相关的小说，而其他人则选择在旅途中阅读。这显示了香格里拉的形象不仅仅源自小说，还受到游客对其含义想象的深刻影响。虽然神话般的故事吸引了众多游客，但并不是所有人都因文学因素而前往。

尽管所有受访者都同意香格里拉在现实世界中的存在，但对其形象和内涵的解读却千差万别。一些人认为香格里拉代表着未受污染的自然环境，有着蔚蓝的天空和野生山脉；另外一些人则强调人类与自然和谐共存的重要性。然而，有一点是大家共同认可的：香格里拉应该是一座位于偏远地区的小村庄，四周被一种宁静而神秘的氛围所包围。

以虚拟地为导向的游客视这个地方为他们心目中的香格里拉，他们关注的是其幻想元素。他们受到鼓舞，旨在探寻真实的香格里拉，并将之与自己想象中的版本相比较。与此同时，深入了解该地区也影响了其他类型的游客。

以藏族文化为导向的游客最初主要想去西藏体验。这一动机驱使他们更深入地认识目的地。但是，随着他们对这个地方的认知加深，他们的期望也随之调整。比如，有的游客对该目的地感兴趣，主要是为了体验藏族文化和与藏族人民交往。在这个阶段，他们认为这个地方属于西藏，并期待遇见所有与西藏相关的事物。然而，在更多地了解了香格里拉的神话和自然特质后，他们的观点及期望都会发生改变。

起初，以自然景观为导向的游客唯一的期待是找到一个未受破坏的自然胜地。随着对香格里拉及其背后故事的进一步了解，他们也被这个神话所吸引。那超脱尘世的氛围、壮丽的自然风光，使他们好奇神话背后是否真有所依。这些游客的兴趣并未转向幻想，因为他们对香格里拉的理解不同，他们对自然景观的特殊兴趣仍是其基本动力。但随着知识的增长，他们的观念产生了变化，进而影响了他们的期望。最终，多数参与者表现出对香格里拉神话的兴趣，并希望进一步探索。

受到内在欲望和外部刺激的影响，以虚拟地为导向的游客期望找到心目中的香格里拉。追寻香格里拉神话的游客倾向于关注不可捉摸的特质，如难以抵达、自然的神秘氛围、精神的激发、未被破坏的景观以及平和幸福的居民。这些游客更喜欢住在民宿而不是酒店，并倾向于首先探索该地区的偏远村庄，而不是参观热门景点。当他们看到老城周围的混凝土建筑时，他们感到失望。他们观察到商业化毁掉了这个地方，并担心随着游客纷至沓来，天堂般的地方将不复存在。虽然香格里拉的自然环境符合此类型的游客对理想世界的想象，但无节制、破坏性、贪婪的开发却令他们不安。正如一位受访者所说："长期以来，我对虚构故事及其与真实地方的关系非常感兴趣。我期待着为重建希尔顿虚构的地方付出一些努力。如果你询问哪个地区激发了希尔顿虚构香格里拉的灵感，那么很可能就是这里，周围有很多自然的地方与书中的描述相符。然而，这里的开发可能会破坏这种自然景观。”

在这项研究中，所有以虚拟地为导向的游客都确认香格里拉远非他们理想中的样子。这一点明显地将他们与以藏族文化或以自然景观为导向的游客区分开来。尽管他们在香格里拉周围发现了一些与想象中的场景接近的地方，但总体上他们对这个地方仍感到失望。他们的体验受到所追求的自然景观是否得到证实，以及目的地是否能满足这些追求的影响。

基于这些研究发现，如果目的地规划者能够基于香格里拉的原始理念精心设计该区域，那么其自然景观就有潜力满足以虚拟地为导向的游客的追求。然而，由于香格里拉在每个人心中都是一种独特的理想状态，因此不可能完全满足这类游客的精神期待。

对理想香格里拉的追寻是一个持续不断的过程，它不仅仅是对一个地方的探索，更是对内心世界的追寻和反思。目的地的质量能在多大程度上满足这类游客的期待，需要进一步的研究调查。同时，这也为旅游目的地规划者提供了重要的启示：在开发旅游资源时，应更加注重游客的精神需求和文化背景，以创造更加符合他们期待的旅游体验。

第9章　研究贡献与建议

在竞争激烈的商业环境中，各目的地管理机构都试图吸引更多游客以增加收入。因此，重建和重塑目的地形象的理念已经应用于目的地发展战略中。关于重塑目的地的研究主要局限于文学作品旅游、电影旅游、文化与朝圣旅游等领域。然而，专注于人们寻求地球上想象之地的新型旅游地现象——虚拟地的研究至今尚未引起研究者的关注。本书旨在探索虚拟地的概念，调查人们对虚拟地的感知，并以香格里拉为例进行说明。

通过探索性研究并采用扎根理论，本研究成功揭示了虚拟地的独特魅力及游客感知与期望，为制定有效的营销策略和提升游客满意度提供了参考依据。本研究不仅深化了对虚拟地及游客期望等方面的理解，同时，也为旅游研究领域贡献了新知识。在虚拟地概念的发展、游客感知以及营销策略的制定方面，本研究均具有重要贡献，并为目的地管理者提供了参考并给予了启示。

本研究的数据收集分为三个阶段。在第一个阶段，收集了8篇已发表的游记及55篇关于中国云南地区的旅游博客，并以此作为二手数据；在第二个阶段，通过电子邮件对博主们进行了访谈；在第三个阶段，即完成访谈后，进行了田野观察并与游客进行了非正式对话。在第一阶段数据收集与分析完成后，设计了半结构化的深度访谈问题。此外，对香格里拉及大香格里拉地区的41名游客进行了一对一访谈，访谈地点包括梅里雪山和雨崩村等地，这些地方被游客认为类似小说中描述的香格里拉。最后，对访谈录音采用了持续比较分析法。这是扎根理论推荐的方法，它要求不断将数据与其他来源的信息进行比较，包括文献。

9.1 研究结果总结

本研究的目的是深入探索游客访问虚拟旅游目的地——中国云南省香格里拉的过程。根据研究的问题，本书采用了扎根理论，构建并展示了虚拟地旅游的理论框架，该框架解释了驱动特定市场群体寻求虚拟旅游目的地的动因，揭示了游客对于理想化的香格里拉的认知，以及当想象与现实相融合时，他们的动机如何影响整体的旅游体验。此外，本书还讨论了寻找真实香格里拉背后的多种因素，包括社会变迁、流行文化和个人特质，从而有效地回应了所提出的研究问题。

针对"人们如何以及为何被宣传中的香格里拉所吸引"这一问题，研究发现媒体宣传激发了游客探索理想化世界的愿望。面对现代世界的快节奏生活，人们越来越渴望逃离都市的喧嚣，追求平和与简朴的生活方式，他们希望探索尚未充分开发的旅游目的地，如香格里拉这样的地方。

关于游客如何感知香格里拉这一虚拟旅游目的地的问题，受访游客提出了六大形象：具有挑战性且易于到达的自然景观；神秘感；精神上的激发；迷人的遗世独立感和原始特色；原始自然风光；小村庄宁静简朴的生活方式。这些形象是个体在媒体宣传影响下想象和投射的结果，体现了投射形象在形成旅游目的地印象中的重要性。目的地管理者在构建虚拟旅游目的地时，需要深入了解目标市场的期望。虽然不同的游客可能对同一旅游目的地持有不同的看法，但仍有一些共同的感知。

研究结果为目的地管理者提出了关于发展与推广策略的建议。研究表明，当游客探访他们心目中理想的香格里拉时，相较于现代化的旅游设施，他们更倾向于寻求那些非物质的文化体验和自然美景。此外，当地居民的行为和互动方式对游客的真实体验及其整体满意度有着重要的影响。因此，建议目的地管理机构在制订计划时，应重视保护和展示当地的文化特色及自然风光，并鼓励当地居民积极参与，以提升游客的整体体验。

目的地管理者面临的挑战包括促进地方经济发展的同时，还要营造梦幻般的氛围，并且要巧妙地结合目的地的特色以满足游客对旅游体验的无形要素的追求。由于满足这些需求具有一定难度，目的地管理者应调研影响游客旅游体验的无形要素的现状，并应在制订推广计划时做出审慎承诺。本书提出的理论框架揭示了影响游客在虚拟旅游目的地体验的条件与因素。

9.2 理论贡献

本书的第一个重要贡献是发现并确认了一种新型目的地，即虚拟旅游目的地。这种目的地与之前分类的其他景点，如电影旅游景点、文学作品旅游景点、文化旅游景点和朝圣旅游景点，有一定的相似性。然而，尽管它与这些景点有所相似，但也存在显著差异，因为无论基于何种神话（书籍、电影或民间传说），潜在游客都将其视为真实存在的。虚拟旅游目的地主要是潜在游客的想象产物，其基础是现代或历史神话的某种元素。基于神话的旅游目的地和景点的独特之处在于，游客知道他们来到的是一个实际地点，尽管它可能是虚构故事的拍摄地。例如，电影《梦幻之地》（1989 年）曾在美国艾奥瓦州的一个农场中拍摄。在电影中，一位艾奥瓦州的农民收到一条来自天堂的信息，告诉他要把部分玉米田改造成棒球场。他的努力受到了嘲笑，但久而久之，棒球运动员开始在他的球场上集结比赛。为了从电影中获利，机智的管理者在四天内建起了一个与电影中相同的球场。该球场地处偏远，交通并不便利，然而，该地已经成为艾奥瓦州最受欢迎的旅游景点之一。

"梦幻之地"现象与香格里拉有相似之处，两者都基于一个完全虚构的地方，都起源于书籍和电影，并且这两处旅游目的地都经目的地管理者精心策划，以吸引游客。然而，根本区别在于，游客前往艾奥瓦州的农场不会误以为电影中描绘的事件真实发生过，也不会将那片球场视作非电影拍摄场地复制品的他物。相比之下，少数前往香格里拉的游客认为，希尔顿在某种程度上受超自然力量影响，从而构思了这个故事；有的则认为他从某未知来源获悉香格里拉的存在。对于虚拟旅游目的地而言，是将神话化为现实，进而促使人们对神话进行再想象。相较于其他类型的旅游，此情形更贴近朝圣旅游。

这引出了本书的第二个贡献：本书的研究结果强有力地证明了访问虚拟旅游目的地的游客具有某些共同的人格特质。由于当前研究的限制，我们未能对这一现象进行深入分析，但为未来的工作打下了基础。倘若相关领域的研究能够持续下去，并且能够揭示人格特质与旅游动机之间的关联，那么这些发现对于知识的深化和实际管理都将是极具价值的。

第三个贡献是回答了是否有可能满足那些寻求虚拟地体验的游客的期望的问题。游客能获得较好的整体旅游体验已被广泛认为是营销操作成功的关键指标。众所周知,积极的旅游体验显著影响游客的忠诚度。过往研究通常采用定量方法,通过单一或多个比较标准(如情感、欲望、理想、信仰、目的地形象、期望、不一致性以及产品属性与表现)来分析游客的旅游体验。然而,这些研究受到定量方法论的限制,因为其测量尺度更适合评估有形属性。

虚拟旅游目的地的主要特征是它们非商业化的本质,这使得游客在心中构建了目的地非商业化的形象,这与目的地管理者的商业目标可能相悖。因此,旅游既是一项经济活动,也是一项社会活动。在创建和管理任何旅游目的地时,都应考虑商业化程度和满足游客对无形属性需求的能力。本研究表明,虽然满足虚拟地游客的期望存在一定难度,但这是可行的。对于那些具备成为虚拟旅游目的地所需特质的地方,制订相应计划是值得的。类似朝圣游客,一旦这些游客的期望在满意程度上得到确认,他们更有可能成为回头客。

旅游动机是旅游研究中的一个重要概念,目前已对不同类型的旅游目的地的旅游动机进行了全面研究。先前的研究揭示了游客对各类目的地的通用旅行动机以及每个特定类型目的地的独特动机。由于现有文献中缺乏关于虚拟旅游目的地的研究,本研究对游客前往作为虚拟旅游目的地的香格里拉的具体旅游动机进行了调查,并基于调查结果,细化了与旅游动机相关的维度和项目。此外,本研究最重要的贡献是构建了一个虚拟旅游目的地的理论框架。该框架揭示了以下关系:旅游动机、感知、期望以及旅游体验等概念之间的关系;同时,也分析了社会变革和触发因素如何影响发现虚拟旅游目的地的过程。这些影响因素包括城市化、商业化、不稳定的社会环境、媒体宣传、游客口碑以及人格特质等。

9.3 实践贡献

本书探讨了游客在位于中国云南省的香格里拉这一虚拟旅游目的地的游览过程。通过对定性数据的分析,研究成果为实际应用带来了宝贵见解,例如通过重建和/或重塑目的地形象来延长旅游目的地的生命周期。

本研究表明，虚拟旅游目的地的形成源于游客对接收信息的解读。虚拟旅游目的地形象的形成过程始于主要标记和途中标记，即受新闻报道、旅游指南、小说、游客口碑和互联网信息源的影响。每个旅游目的地都代表着游客可以尽情沉浸和满足幻想的乐园。有些人认为，对目的地的感知比现实更重要。这意味着同一目的地可能在不同人心中被想象成不同类型的旅游目的地。一旦确认了虚拟旅游目的地的特质，目的地管理者就可以利用这一现象，通过精心设计和营销来获利，这也可能导致更好的旅游目的地的设计与管理。这些目的地还会吸引除了寻求虚拟体验的游客之外的其他类型游客，因为它们通常对所有类型的游客都有一定的吸引力。在香格里拉案例中，这些游客被确定为以自然景观为导向的游客和以藏族文化为导向的游客。尽管后者也可以被视为虚拟旅游的一个分支，但多数游客对藏族人民的真实生活并不太感兴趣，而是基于一种假设的信念，认为藏族人民及其文化在某种程度上比其他文化更接近于生活的永恒真理。

游客所描述的香格里拉印象基本上遵循了小说《消失的地平线》中的描述以及他们的想象。这个小村庄隐藏在群山之中，不易抵达，它与现代世界隔绝，人们过着和平、简单的生活，但有着丰富的文化背景，并与自然环境和谐共处。这种感知也反映在他们对香格里拉之旅的期待中。对于目的地管理者来说，了解这些感知和期待至关重要，这些正是以虚拟地为导向的游客所寻求的元素。这些感知还为目的地管理者在景点重建时提供了将这一理念应用的线索。与主题公园游客不同，寻找虚拟旅游目的地的游客希望参观一个没有任何人工痕迹的天然之地。

香格里拉被描绘为一个界限空间，这个地点可能在世界的任何角落，但它与喜马拉雅山脉及偏远地区有着紧密的关联。这种描述为不同地区打开了一扇窗，让它们在竞争这一细分市场时，有机会优先推广自己的旅游目的地。

除了求知、文化体验、新奇探索、放松身心、自我发现以及娱乐等旅游动机外，游客们还特别渴望探访拥有神秘氛围的理想香格里拉世界。在他们的诉求中，并未涉及住宿、交通、购物和服务质量等具体物质条件，而是更加倾向于简朴的生活风格、原始的自然环境、纯粹的藏文化，以及那种与世隔绝、独立于尘世之外的特质。

目的地规划者面临的挑战是如何保留这些独特的特色，并满足游客的期待与愿景，而不是仅仅着眼于过度开发，导致目的地失去其独特魅力而变得平庸。对于这类特殊的旅游目的地而言，发展必要的基础设施同时保护其原始风貌显得尤为重要。找到保持其神秘魅力与推动可持续发展之间的平衡点，是实现这一目标的关键所在。

整体而言，游客的体验表明，受藏文化和未受破坏的自然景观吸引的游客比寻求香格里拉之旅的游客更满意。尽管那些寻找虚拟旅游目的地的游客在宣传推广的香格里拉附近找到了一些与理想中香格里拉描述相近的地方，并享受了藏文化和自然景色，但他们在旅行结束后仍然感到失望。相反，那些以藏文化和自然景观为导向的游客在感受到该地区的香格里拉氛围时，却感到惊喜。这一结果表明，游客对无形属性的渴望是难以满足的。然而，通过谨慎的设计，可以满足一些无形属性的需求。为了提高这类游客的满意度，宣传材料中的承诺需要经过仔细调整。如果目的地的实际属性与宣传中的承诺不符，游客会感到失望，因此，过度宣传可能会导致游客的不满。

从积极的经济影响角度来看，虽然寻找虚拟旅游目的地的游客数量相对较少，但他们代表了一个利基市场，这个市场可能会为旅游目的地带来相比游客数量而言更为可观的收益。这些游客专门前来寻找小说、电影和相应神话中所描绘的香格里拉。根据受访者的反馈，可以看出他们计划在香格里拉停留的时间比其他类型的游客更长。如果旅游目的地规划者能够关注这些游客的期望，那么这些游客更有可能再次访问该地。同时，这也将吸引更多寻求虚拟旅游目的地的游客，因为人们往往对充满神秘氛围的地方抱有浓厚的兴趣。

虽然本书的研究结果可能不适用于所有虚拟旅游目的地——尽管香格里拉作为一个案例，是一个非常典型的虚拟旅游目的地——但其中的一些发现具有普遍意义。例如，虚拟旅游目的地的形成、由此产生的理想真实性，以及影响整体游客体验的因素等，都可以为其他虚拟旅游目的地的设计和营销计划提供指导。这些发现对于旅游目的地规划者而言是宝贵的参考，可以帮助他们更深入地理解游客的需求和期望。通过满足这些需求和期望，旅游目的地规划者可以增强游客的满意度和忠诚度，从而促进目的地的可持续发展。

9.4 研究的局限性

在考虑研究的贡献时，批判性地评估整个研究及其结果是很重要的，应在这项探索性研究的理论基础和方法论问题的范围内对其进行评估。如前所述，在后现代语境中，现实的界限变得模糊，它在思想与实践中被以多种方式定义。事物转变为各种形式，并经历商品化、包装和消费的过程。定性方法是一种合适的工具，可以帮助我们更好地理解旅行者是如何重构现实的，进而揭示他们的旅游动机，并评估一个理想化的目的地是否成功地满足了这种重构的需求。然而，在选择这种方法时，必须意识到它固有的局限性。

第一个限制涉及虚拟旅游目的地及其位置的概念。所谓虚拟旅游目的地，指的是那些嵌入物理空间中的神秘地点。这些地方的形象通常由个人根据接收到的神话信息构建，如科幻小说、传统小说和传说等。换言之，一个地方是否真实存在是由个人来定义的。这就引出了一个核心问题：如何界定一个虚拟旅游目的地，以及它究竟位于何方。虽然这一概念在以往的旅游研究中未被提及，但在人文地理学中已对“想象地”的概念进行了探讨。

想象的世界是一个由人类创造、破坏、再创造的地方。要理解地点的意义，不能单纯从客体出发，而必须将其与主体相联系。地点与自我是相互构建的，并受到自然、社会和文化力量的影响。在这个持续动态的过程中，人类自己掌控着制造场所的权力，而场所则反过来促进和限制着人力[38]。

根据对想象场所的描述，虚拟旅游目的地可以位于任何地方。它们不存在于现实世界中，却在小说、电影和神话故事里被塑造出来。这些地点的自然环境依赖于上述媒体所描述的环境。

香格里拉，作为乌托邦世界的象征，是一个典型的虚拟旅游目的地。它不仅展示了西方社会对东方神话的解读，也影响了东方世界。然而，这些见解可能并不适合直接迁移到其他虚拟旅游目的地。尽管如此，这一概念对于旅游目的地规划者而言，仍然具有应用价值。

第二个限制与抽样问题有关。最初的抽样方法无法区分寻找虚拟旅游目的地的游客。游客的抽样基于调查前确定的几个属性：①年龄需在 18 岁以上；②至少听说过香格里拉神话；③属于休闲游客；④出于体验香格里拉的特定目的而访问该地。有些受访者完全符合上述标准。然而，我们很快发现，对神话不感兴趣或兴趣不大的游客在抵达后可能部分或完全改变初衷。

由于调查的目的是识别和了解虚拟旅游目的地游客的特征，所有被选中的游客都接受了采访。随后，根据他们的主要动机对他们进行了分类。结果显示了一个明显的重叠现象，说明实际的目的地体验有可能将其他类型的游客转变为寻找虚拟旅游目的地的游客。

另外，样本是从香格里拉的在线旅游博主和前往目的地的旅行者中选择的，但大多数受访者和博主是西方人。正如前文提到的，虚拟旅游目的地是由旅行者基于个人背景创造的，文化、信仰和教育等因素在目的地形象形成中扮演着重要角色。然而，这项研究并未深入探讨文化差异的影响。西方游客对虚拟旅游目的地的感知可能并不适用于来自中国等其他文化背景的游客。为了弥补这一点，来自东方的游客也被纳入研究，包括泰国、中国香港和中国内地的游客。研究者也试图采访日本和韩国游客，但由于语言障碍，他们最终未能包含在样本中。

此外，样本可能主要包含了那些访问中国其他地方或云南省时顺便游览香格里拉的游客。在虚拟旅游目的地之外采访人们必然会导致不同的结果，因为这样的回应往往与实际访问意愿相关。未来的研究应考虑将未访问虚拟旅游目的地的人群也纳入样本范围。

参考文献

[1]TERKENLI T S. New landscape spatialities: the changing scales of function and symbolism[J]. Landscape and urban planning, 2005, 70(1): 165-176.

[2]URRY J. The tourist gaze and the 'environment'[J]. Theory, culture & society, 2002, 9(3): 1-26.

[3]WILLIAMS A. Tourism and hospitality marketing: fantasy, feeling and fun[J]. International journal of contemporary hospitality management, 2006, 18(6): 482-495.

[4]CRANG M. Cultural geographies of tourism[M]. Malden, Mass.: Blackwell Pub, 2004.

[5]FORD P. It's paradise lost as tourists flock to Shangri-La[Z/OL]. (2007-11-29)[2024-09-10]. http://www.csmonitor.com/2007/1129/p01s01-woap.html.

[6]HUTT M. Looking for Shangri-La, from Hilton to Lamicchane:in the tourist image: myths and myth making in tourism[M]. New York: Chichester, 1996.

[7]BISHOP P. The myth of Shangri-La: Tibet, travel writing, and the western creation of sacred landscape[M]. Berkeley: University of California Press, 1989.

[8]HILLMAN B. Paradise under construction: minorities, myths and modernity in northwest Yunnan[J]. Asian ethnicity, 2003, 4(2): 175-188.

[9]BOORSTIN D J. The image: a guide to pseudo-events in America

[M]. New York: Harper, 1964.

[10]YEOMAN I, BRASS D, MCMAHON-BEATTIE U. Current issue in tourism: the authentic tourist[J]. Tourism management, 2007, 28(4): 1128-1138.

[11]GREIDER T, GARKOVICH L. Landscapes: the social construction of nature and the environment[J]. Rural sociology, 1994, 59(1): 1-24.

[12]BERGER P L, LUCKMANN T. The social construction of reality: a treatise in the sociology of knowledge[M]. London: Penguin Books, 1967.

[13]WEILER B, HALL C M. Special-interest tourism[M]. London: Belhaven Press, 1992.

[14]TRAUER B. Conceptualizing special interest tourism-frameworks for analysis[J]. Tourism management, 2006, 27(2): 183-200.

[15]FROST W. Braveheart-ed Ned Kelly: historic films, heritage tourism and destination image[J]. Tourism management, 2006, 27(2): 247-254.

[16]HANEFORS M, MOSSBERG L. TV travel shows—A pre-taste of the destination[J]. Journal of vacation marketing, 2002, 8(3): 235-246.

[17]BARBER R W. Pilgrimages[M]. Suffolk: Boydell Press, 1991.

[18]JOHNS N, GYIMÓTHY S. Mythologies of a theme park: an icon of modern family life[J]. Journal of vacation marketing, 2002, 8(4): 320-331.

[19]MIDDLETON V T C, CLARKE J. Marketing in travel and tourism [M]. Oxford: Butterworth-Heinemann, 2001.

[20]RYAN C, YANNING Z, HUIMIN G, et al. Tourism, a classic novel, and television: the case of Cáo Xuěqin's Dream of the Red Mansions and grand view gardens, Beijing[J]. Journal of travel research, 2009, 48(1): 14-28.

[21]PORIA Y, REICHEL A, BIRAN A. Heritage site perceptions and motivations to visit[J]. Journal of travel research, 2006, 44(3): 318-326.

[22]TZANELLI R. Constructing the 'cinematic tourist': the 'sign industry' of the Lord of the Rings[J]. Tourist studies, 2004, 4(1): 21-42.

[23] ADAMS M V. The fantasy principle: psychoanalysis of the imagination[M]. Hove: Brunner-Routledge, 2004.

[24] HAYMAN A. What do we mean by 'phantasy'[J]. International journal of psycho-analysis, 1989(70): 105-114.

[25] TUAN Y. Space and place: the perspective of experience[M]. Minneapolis: University of Minnesota Press, 1977.

[26] URRY J. Consuming places. International library of sociology[M]. London: Routledge, 1995.

[27] SACK R D. Conceptions of space in social thought: a geographic perspective? Critical human geography[M]. London: Macmillan, 1980.

[28] TERKENLI T S. Landscapes of tourism: towards a global cultural economy of space? [J]. Tourism geographies, 2002, 4(3): 227-254.

[29] REIJNDERS S. Stalking the count: Dracula, fandom and tourism [J]. Annals of tourism research, 2011, 38(1): 231-248.

[30] REIJNDERS S. Stories that move: fiction, imagination, tourism[J]. European journal of cultural studies, 2016, 19(6): 672-689.

[31] BUSBY G, KLUG J. Movie-induced tourism: the challenge of measurement and other issues[J]. Journal of vacation marketing, 2001, 7(4): 316-332.

[32] HUDSON S, RITCHIE J R B. Promoting destinations via film tourism: an empirical identification of supporting marketing initiatives[J]. Journal of travel research, 2006, 44(4): 387-396.

[33] VARLEY P, CROWTHER G. Performance and the service encounter: an exploration of narrative expectations and relationship management in the outdoor leisure market[J]. Marketing intelligence & planning, 1998, 16(5): 311-317.

[34] FOUBERG E H. Human geography: people, place, and culture[M]. Hoboken: John Wiley & Sons, 2009.

[35] ENTRIKIN J N, TEPPLE J H. Humanism and democratic place-making. In approaches to human geography [M]. London: SAGE

Publications，2006.

[36]CRANG M. Cultural Geography. Routledge contemporary human geography series[M]. London：Routledge，1998.

[37] LOWENTHAL D. Geography， experience， and imagination： towards a geographical epistemology [J]. Annals of the association of American geographers，1961，51(3)：241-260.

[38]AITKEN S，VALENTINE G. Approaches to human geography[M]. London：SAGE Publications，2006.

[39] CLOKE P J， CRANG P， GOODWIN M. Introducing human geographies[M]. London：Arnold，1999.

[40]CAUGHEY J L. Imaginary social worlds：a cultural approach[M]. Lincoln：University of Nebraska Press，1984.

[41] DRIVER F. Imaginative geographies： in introducing human geographies[M]. London：Arnold，1999.

[42]MALPAS J E. Place and experience：a philosophical topography[M]. England：Cambridge University Press，1999.

[43]COULDRY N. The place of media power：pilgrims and witnesses of the media age[M]. London：Routledge，2000.

[44]WHATMORE S. Culture-nature. In introducing human geographies [M]. London：Arnold，1999.

[45]MCGREEVY P. Imagining the future at Niagara Falls[J]. Annals of the association of American geographers，1987，77(1)：48-62.

[46]COSGROVE D E. Worlds of meaning：cultural geography and the imagination[M]. Austin：University of Texas Press，1994.

[47]BRUNER E M. Transformation of self in tourism[J]. Annals of tourism research，1991，18(2)：238-250.

[48]GREGORY D. Scripting Egypt：orientalism and the cultures of travel. in writes of passage：reading travel writing [M]. London：Routledge，1999.

[49]LENGKEEK J. Imagination and differences in tourist experience[J].

World leisure journal, 2000, 42(3): 11-17.

[50] GREGORY D. Geography and travel writing in the dictionary of human geography[M]. Malden: Blackwell Publishers, 2000.

[51] ALMEIDA-GARCíA F, DOMíGUNEZ-AZCUE J, MERCADé-MELé P, et al. Can a destination really change its image? The roles of information sources, motivations, and visits [J]. Tourism management perspectives, 2020, 34: 100662.

[52] HETHERINGTON K, MUNRO R. Ideas of difference: Social spaces and the labour of division. Sociological review monograph series[M]. Oxford: Blackwell Publishers, 1997.

[53] BÆRENHOLDT J O, HALDRUP M, SHELLER M. On the track of the vikings. In tourism mobilities: Places to play, Places in play[M]. London: Routledge, 2004.

[54] LARSEN J. Picturing Bornholm: producing and consuming a tourist place through picturing practices[J]. Scandinavian journal of hospitality and tourism, 2006, 6(2): 75-94.

[55] GALANI-MOUTAFI V. The self and the other: traveler, ethnographer, tourist[J]. Annals of tourism research, 2000, 27(1): 203-224.

[56] SHIELDS R. Places on the margin: alternative geographies of modernity: international library of sociology[M]. London: Routledge, 1991.

[57] SHURMER-SMITH P, HANNAM K. World of desire, realms of power: a cultural geography[M]. London: Edward Arnold, 1994.

[58] HUGHES G. Tourism and the semiological realization of space: in destinations, cultural landscapes of tourism[M]. London: Routledge, 1998.

[59] DANN G. The language of tourism: a sociolinguistic perspective [M]. Wallingford: CAB International, 1996.

[60] WANG N. Tourism and modernity: a sociological analysis. Tourism social science series[M]. Oxford: Pergamon, 2000.

[61] SELWYN T. The tourist image: myths and myth making in tourism [M]. Chichester: John Wiley, 1996.

[62]LEW A A. A framework of tourist attraction research[J]. Annals of tourism research, 1987, 14(4): 553-575.

[63] PIGRAM J. Outdoor recreation and resource management [M]. London: Croom Helm, 1983.

[64] LEIPER N. Tourist attraction systems [J]. Annals of tourism research, 1990, 17(3): 367-384.

[65] RICHARDS G. Tourism attraction systems: exploring cultural behavior[J]. Annals of tourism research, 2002, 29(4): 1048-1064.

[66]MCKERCHER B. Are psychographics predictors of destination life cycles? [J]. Journal of travel & tourism marketing, 2006, 19(1): 49-55.

[67]DANN G M S. Anomie, ego-enhancement and tourism[J]. Annals of tourism research, 1977, 4(4): 184-194.

[68]CROMPTON J L. Motivations for pleasure vacation[J]. Annals of tourism research, 1979, 6(4): 408-424.

[69] RITTICHAINUWAT N. Responding to disaster: thai and scandinavian tourists' motivation to visit Phuket, Thailand[J]. Journal of travel research, 2008, 46(4): 422-432.

[70]BELLO D C, ETZEL M J. The role of novelty in the pleasure travel experience[J]. Journal of travel research, 1985, 24(1): 20-26.

[71]PIZAM A, NEUMANN Y, REICHEL A. Tourist satisfaction: uses and misuses[J]. Annals of tourism research, 1979, 6(2): 195-197.

[72]KIM S S, LEE C K. Push and pull relationships[J]. Annals of tourism research, 2002, 29(1): 257-260.

[73]NICOLAU J L, MÁS F J. The influence of distance and prices on the choice of tourist destinations: the moderating role of motivations[J]. Tourism management, 2006, 27(5): 982-996.

[74]ISO-AHOLA S E. Toward a social psychological theory of tourism motivation: a rejoinder[J]. Annals of tourism research, 1982, 9(2): 256-262.

[75]MANNELL R C, ISO-AHOLA S E. Psychological nature of leisure and tourism experience [J]. Annals of tourism research, 1987, 14 (3):

314-331.

[76] WAHLERS R G, ETZEL M J. Vacation preference as a manifestation of optimal stimulation and lifestyle experience[J]. Journal of leisure research, 1985, 17(4): 283-295.

[77]DOUGLAS N, DOUGLAS N. Special interest tourism: context and cases[M]. Qld: John Wiley & Sons Australia, 2001.

[78] ÇıkıK, İnan R, Bulşu Ç. Research trends in film tourism: a bibliometric analysis using the WOS database[J]. Prace I studia geograficzne, 2023, 68(1): 83-98.

[79] PHILLIPS A. The nature of cultural landscapes—a nature conservation perspective[J]. Landscape research, 1998, 23(1): 21-38.

[80]SQUIRE S J. Literary tourism and sustainable tourism: promoting 'anne of green gables' in Prince Edward Island[J]. Journal of sustainable tourism, 1996, 4(3): 119-134.

[81] HERBERT D T. Artistic and literary places in France as tourist attractions[J]. Tourism management, 1996, 17(2): 77-85.

[82]SQUIRE S J. The cultural values of literary tourism[J]. Annals of tourism research, 1994, 21(1): 103-120.

[83]HERBERT D. Literary places, tourism and the heritage experience [J]. Annals of tourism research, 2001, 28(2): 312-333.

[84] SMITH K A. Literary enthusiasts as visitors and volunteers[J]. International journal of tourism research, 2003, 5(2): 83-95.

[85] POCOCK D. Catherine Cookson country: tourist expectation and experience[J]. Geography, 1992, 77(3): 236-243.

[86] O'NEILL K, BUTTS S, BUSBY G. The corellification of Cephallonian tourism[J]. Anatolia, 2005, 16(2): 207-226.

[87]BEETON S. Smiling for the camera: the influence of film audiences on a budget tourism destination[J]. Tourism culture & communication, 2001, 3(1): 15-25.

[88]RILEY R W, VAN DOREN C S. Movies as tourism promotion: A

'pull' factor in a 'push' location[J]. Tourism management, 1992, 13(3): 267-274.

[89]MACCANNELL D. Tourist agency[J]. Tourist studies, 2001, 1(1): 23-37.

[90] BAUDRILLARD J. The consumer society: myths and structures [M]. London: Sage Publications, 1998.

[91]SAMUEL R. Theatres of memory[M]. London: Verso, 1994.

[92]RINSCHEDE G. Forms of religious tourism[J]. Annals of tourism research, 1992, 19(1): 51-67.

[93]COLLINS-KREINER N, KLIOT N. Pilgrimage tourism in the Holy Land: the behavioural characteristics of Christian pilgrims[J]. GeoJournal, 2000, 50(1): 55-67.

[94]NOLAN M L, NOLAN S. Religious sites as tourism attractions in Europe[J]. Annals of tourism research, 1992, 19(1): 68-78.

[95]COHEN E. Pilgrimage centers: concentric and excentric[J]. Annals of tourism research, 1992, 19(1): 33-50.

[96]EADE J. Pilgrimage and tourism at Lourdes, France[J]. Annals of tourism research, 1992, 19(1): 18-32.

[97] MORINIS E A. Pilgrimage and tourism [J]. Annals of tourism research, 1983, 10(4): 569-570.

[98]WONG K K F, CHEUNG P W Y. Strategic theming in theme park marketing[J]. Journal of vacation marketing, 1999, 5(4): 319-332.

[99] KING M J. Disneyland and Walt disney world: traditional values in futuristic form[J]. The journal of popular culture, 1981, 15(1): 116-140.

[100] MILMAN A. The future of the theme park and attraction industry: a management perspective [J]. Journal of travel research, 2001, 40(2): 139-147.

[101]BERGMAN E F, RENWICK W H. Introduc and environment[M]. London: Prentice Hall, 2008.

[102] LEE H. Percepts, concepts, and theoretic knowledge [M].

Memphis: Memphis State University Press, 1973.

[103]GARTNER W C. Image formation process[J]. Journal of travel & tourism marketing, 1994, 2(2-3): 191-216.

[104]KIM H, RICHARDSON S L. Motion picture impacts on destination images[J]. Annals of tourism research, 2003, 30(1): 216-237.

[105] FAKEYE P C, CROMPTON J L. Image differences between prospective, first-time, and repeat visitors to the Lower Rio Grande Valley [J]. Journal of travel research, 1991, 30(2): 10-16.

[106] BALOGLU S, MCCLEARY K W. U. S. International pleasure travelers' images of four mediterranean destinations: a comparison of visitors and nonvisitors[J]. Journal of travel research, 1999, 38(2): 144-152.

[107]CAMPBELL C. Consuming goods and the good of consuming[J]. Critical review, 1994, 8(4): 503-520.

[108]JAFARI J. Tourism models: the sociocultural aspects[J]. Tourism management, 1987, 8(2): 151-159.

[109] RICHARDSON S L, CROMPTON J L. Cultural variations in perceptions of vacation attributes[J]. Tourism management, 1988, 9(2): 128-136.

[110] WOODSIDE A G, LYSONSKI S. A general model of traveler destination choice[J]. Journal of travel research, 1989, 27(4): 8-14.

[111]YOO C K, YOON D, PARK E. Tourist motivation: an integral approach to destination choices[J]. Tourism review, 2018, 73(2): 169-185.

[112] TASCI A D A, GARTNER W C, TAMER CAVUSGIL S. Conceptualization and operationalization of destination image[J]. Journal of hospitality & tourism research, 2007, 31(2): 194-223.

[113] FRIDGEN J D. Use of cognitive maps to determine perceived tourism regions[J]. Leisure sciences, 1987, 9(2): 101-117.

[114] PETER J P. Consumer behavior and marketing strategy[M]. Boston: McGraw-Hill/Irwin, 2008.

[115] TURNER L, REISINGER Y. Importance and expectations of

destination attributes for japanese tourists to Hawaii and the Gold Coast compared[J]. Asia pacific journal of tourism research, 1999, 4(2): 1-18.

[116]BONN M A, JOSEPH S M, DAI M. International versus domestic visitors: an examination of destination image perceptions[J]. Journal of travel research, 2005, 43(3): 294-301.

[117] BEERLI A, MARTÍN J D. Tourists' characteristics and the perceived image of tourist destinations: a quantitative analysis—a case study of Lanzarote, Spain[J]. Tourism management, 2004, 25(5): 623-636.

[118]MARTÍN H S, BOSQUE I A R D. Exploring the cognitive -affective nature of destination image and the role of psychological factors in its formation[J]. Tourism management, 2008, 29(2): 263-277.

[119]CORREIA A, VALLE P O D, MOÇO C. Modeling motivations and perceptions of Portuguese tourists[J]. Journal of business research, 2007, 60(1): 76-80.

[120]ECHTNER C M, RITCHIE J B. The meaning and measurement of destination image[J]. Journal of tourism studies, 2(2): 2-12.

[121] FORMICA S. Measuring destination attractiveness: a proposed framework[J]. Journal of American academy of business, 2002, 1(2): 350-355.

[122]HUNTER W C, SUH Y K. Multimethod research on destination image perception: Jeju standing stones[J]. Tourism management, 2007, 28(1): 130-139.

[123]MILMAN A, PIZAM A. The role of awareness and familiarity with a destination: the central Florida case[J]. Journal of travel research, 1995, 33(3): 21-27.

[124]MCLELLAN R W, FOUSHEE K D. Negative images of the United States as expressed by tour operators from other countries[J]. Journal of travel research, 1983, 22(1): 2-5.

[125] JACKSON M, WHITE G, WHITE M. Developing a tourist personality typology [J]. Proceedings of national research conference,

Australia, 2001: 177-184.

[126]HAMPSON S E, JOHN O P, GOLDBERG L R. Category breadth and hierarchical structure in personality: studies of asymmetries in judgments of trait implications[J]. Journal of personality and social psychology, 1986, 51 (1): 37-54.

[127] ROSS G F. The psychology of tourism [M]. Elsternwick: Hospitality Press, 1998.

[128]PLOG S C. Why destination areas rise and fall in popularity[J]. Cornell hotel and restaurant administration quarterly, 1974, 14(4): 55-58.

[129]HOXTER A L, LESTER D. Tourist behavior and personality[J]. Personality and individual differences, 1988, 9(1): 177-178.

[130]BIGNÉ J E, ANDREU L, GNOTH J. The theme park experience: an analysis of pleasure, arousal and satisfaction[J]. Tourism management, 2005, 26(6): 833-844.

[131]GILCHRIST H, POVEY R, DICKINSON A, et al. The sensation seeking scale: its use in a study of the characteristics of people choosing 'adventure holidays'[J]. Personality and individual differences, 1995, 19(4): 513-516.

[132]ZUCKERMAN M. Behavioural expressions and biosocial bases of sensation seeking[M]. Cambridge: Cambridge University Press, 1994.

[133]FREW E A, SHAW R N. The relationship between personality, gender, and tourism behavior [J]. Tourism management, 1999, 20 (2): 193-202.

[134]FREW E A, SHAW R N. Holland's personality theory and the prediction of tourism behavior[J]. Journal of travel & tourism marketing, 2000, 8(2): 129-135.

[135]HOLBROOK M B, HIRSCHMAN E C. The experiential aspects of consumption: consumer fantasies, feelings, and fun[J]. Journal of consumer research, 1982, 9(2): 132.

[136]MCGUIGGAN R, FOO J A. Who plays which tourist roles? —an

Australian perspective[J]. Journal of travel & tourism marketing, 2004, 17(1): 41-54.

[137] PLOG S. Why destination areas rise and fall in popularity: an update of a Cornell quarterly classic [J]. Cornell hotel and restaurant administration quarterly, 2001, 42(3): 13-24.

[138]ANDREU L, KOZAK M, AVCI N, et al. Market segmentation by motivations to travel: British tourists visiting Turkey[J]. Journal of travel & tourism marketing, 2006, 19(1): 1-14.

[139] NICKERSON N P, ELLIS G D. Traveler types and activation theory: a comparison of two models[J]. Journal of travel research, 1991, 29(3): 26-31.

[140] SMITH S L J. A test of plog's allocentric/psychocentric model: evidence from seven nations[J]. Journal of travel research, 1990, 28(4): 40-43.

[141]PLOG S C. A carpenter's tools: an answer to Stephen l. j. Smith's review of psychocentrism/allocentrism[J]. Journal of travel research, 1990, 28(4): 43-45.

[142]PLOG S C. A carpenter's tools re-visited: measuring allocentrism and psychocentrism properly [J]. Journal of travel research, 1991, 29(4): 51-51.

[143] LITVIN S W. Revisiting plog's model of allocentricity and psychocentricity [J]. Cornell hotel and restaurant administration quarterly, 2006, 47(3): 245-253.

[144] HOLLAND J L. Making vocational choices: a theory of careers [M]. Englewood Cliffs: Prentice-Hall, 1973.

[145]HOLLAND J L. Making vocational choices: a theory of vocational personalities and work environments [M]. Lutz, Fla: Psychological Assessment Resources, 1997.

[146]HYLAND A M, MUCHINSKY P M. Assessment of the structural validity of Holland's model with job analysis (paq) information[J]. Journal of

applied psychology, 1991, 76(1): 75-80.

[147] TAYLOR K F, KELSO G I, COX G N. Applying Holland's vocational categories to leisure activities [J]. Journal of occupational psychology, 1979, 52(3): 199-207.

[148] CARLSON J G. Testing the test affirmative: in support of researching the Myers-Briggs type indicator [J]. Journal of counseling and development, 1989, 67(8): 484-486.

[149] CARLSON R, LEVY N. Studies of Jungian typology: ⅰ. memory, social perception, and social action [J]. Journal of personality, 1973, 41(4): 559-576.

[150] MYERS I B, MCCAULLEY M H, MOST R. Manual: a guide to the development and use of the Myers-Briggs type indicator [M]. Palo Alto: Consulting Psychologists Press, 1985.

[151] CLONINGER S C. Personality: description, dynamics, and development [M]. New York: Freeman and Company, 1996.

[152] GOUNTAS J Y, GOUNTAS S. A new psychographic segmentation method using Jungian MBTI variables in the tourism industry [J]. Consumer psychology of tourism, hospitality and leisure. 2001, 2: 215-229.

[153] MCGUIGGAN R L. The Myers-Briggs type indicator and leisure attribute preference [J]. Consumer psychology of tourism, hospitality and leisure, 2000(1): 245-267.

[154] MANNELL R. Personality in leisure theory: the self-as-entertainment construct [J]. Society and leisure, 1984, 7(1): 229-242.

[155] NIAS D K B. Personality and recreational behavior: in individual differences in movement [M]. Lancaster: Lancaster, 1985.

[156] YIANNAKIS A, GIBSON H. Roles tourists play [J]. Annals of tourism research, 1992, 19(2): 287-303.

[157] ARNAU R C, GREEN B A, ROSEN D H, et al. Are Jungian preferences really categorical?: an empirical investigation using Taxometric analysis [J]. Personality and individual differences, 2003, 34(2): 233-251.

[158] EDWARDS J A, LANNING K, HOOKER K. The MBTI and social information processing: an incremental validity study[J]. Journal of personality assessment, 2002, 78(3): 432-450.

[159] MURRAY J B. Review of research on the Myers-Briggs type indicator[J]. Perceptual and motor skills, 1990, 70(3): 1187-1202.

[160] HIRSH S K, KUMMEROW J M. Life types[M]. New York: Warner Books, 1989.

[161] PROVOST J A, ANCHORS S. Applications of the Myers-Briggs type indicator in higher education[M]. Calif: Consulting Psychologists Press, 1987.

[162] KABANOFF B, O'BRIEN G E. Work and leisure: a task attributes analysis[J]. Journal of applied psychology, 1980, 65(5): 596-609.

[163] MOORE G T. Environment and behavior research in North American: history, developments, and unresolved issue[M]. New York: Handbook of Environment Psychology, 1987.

[164] SHANK M D, LANGMEYER L. Does personality influence brand image? [J]. The journal of psychology, 1994, 128(2): 157-164.

[165] MACCANNELL D. Staged authenticity: arrangements of social space in tourist settings[J]. American journal of sociology, 1973, 79(3): 589-603.

[166] COHEN E. A phenomenology of tourist experiences[J]. Sociology, 1979, 13(2): 179-201.

[167] URIELY N. The tourist experience: conceptual developments[J]. Annals of tourism research, 2005, 32(1): 199-216.

[168] LARSEN S. Aspects of a psychology of the tourist experience[J]. Scandinavian journal of hospitality and tourism, 2007, 7(1): 7-18.

[169] GRAEFE A R, VASKE J J. A framework for managing quality in the tourist experience[J]. Annals of tourism research, 1987, 14(3): 390-404.

[170] ARNOULD E J, PRICE L L. River magic: extraordinary experience and the extended service encounter[J]. Journal of consumer

research, 1993, 20(1): 24-45.

[171]STERNBERG E. The iconography of the tourism experience[J]. Annals of tourism research, 1997, 24(4): 951-969.

[172]JANSSON A. Spatial phantasmagoria: the mediatization of tourism experience[J]. European journal of communication, 2002, 17(4): 429-443.

[173]LAING J H, CROUCH G I. Myth, adventure and fantasy at the frontier: metaphors and imagery behind an extraordinary travel experience[J]. International journal of tourism research, 2009, 11(2): 127-141.

[174] OLIVER R L. Satisfaction: a behavioral perspective on the consumer[M]. New York: McGraw Hill, 1996.

[175] YÜKSEL A. Tourist satisfaction and complaining behavior: measurement and management issues in the tourism and hospitality industry [M]. New York: Nova Science Publishers, 2008.

[176]FESTINGER L. A theory of cognitive dissonance[M]. Stanford: Stanford University Press, 1957.

[177] OLIVER R L. Effect of expectation and disconfirmation on postexposure product evaluations: an alternative interpretation[J]. Journal of applied rsychology, 1977, 62(4): 480-486.

[178] YI Y. A critical review of consumer satisfaction: review of marketing[M]. Chicago: American Marketing Association, 1990.

[179] ANDERSON R E. Consumer dissatisfaction: the effect of disconfirmed expectancy on perceived product performance[J]. Journal of marketing research, 1973, 10(1): 38-44.

[180] OLSHAVSKY R W, MILLER J A. Consumer expectations, product performance, and perceived product quality[J]. Journal of marketing research, 1972, 9(1): 19-21.

[181] OLIVER R L. A cognitive model of the antecedents and consequences of satisfaction decisions[J]. Journal of marketing research, 1980, 17(4): 460-469.

[182]DEL BOSQUE I R, MARTÍN H S. Tourist satisfaction a cognitive-

affective model[J]. Annals of tourism research, 2008, 35(2): 551-573.

[183] OLIVER R L. Cognitive, affective, and attribute bases of the satisfaction response[J]. Journal of consumer research, 1993, 20(3): 418-430.

[184] CHI C G Q, QU H. Examining the structural relationships of destination image, tourist satisfaction and destination loyalty: an integrated approach[J]. Tourism management, 2008, 29(4): 624-636.

[185] OH H. Revisiting importance-performance analysis[J]. Tourism management, 2001, 22(6): 617-627.

[186] FUCHS M, WEIERMAIR K. Destination benchmarking: an indicator-system's potential for exploring guest satisfaction[J]. Journal of travel research, 2004, 42(3): 212-225.

[187] CADOTTE E R, WOODRUFF R B, JENKINS R L. Expectations and norms in models of consumer satisfaction[J]. Journal of marketing research, 1987, 24(3): 305-314.

[188] PARK J W, CHOI J. Comparison standards in consumer satisfaction formation: involvement and product experience as potential moderators[J]. Journal of consumer satisfaction, dissatisfaction and complaining behavior, 2016, 11: 28-39.

[189] OLIVER R L, DESARBO W S. Response determinants in satisfaction judgments[J]. Journal of Consumer Research, 1988, 14(4): 495-507.

[190] GUBA E G, LINCOLN Y S. Competing paradigms in qualitative research[M]. Thousand Oaks: Sage Publications, 1994.

[191] JENNINGS G. Tourism research[M]. Australia: Wiley, 2001.

[192] CHARMAZ K. Constructing grounded theory: a practical guide through qualitative analysis[M]. London: SAGE Publications, 2006.

[193] STRAUSS A L. Basics of qualitative research: techniques and procedures for developing grounded theory[M]. Calif: Sage Publications, 1998.

[194] SOBAL J. Sample extensiveness in qualitative nutrition education research[J]. Journal of nutrition education, 2001, 33(4): 184-192.

[195] STRAUSS A L, CORBIN J M. Basics of qualitative research: techniques and procedures for developing grounded theory[M]. Calif: Sage Publications, 2008.

[196] DEPAULO P J. Sample size for qualitative research. Quirks marketing research review[Z/OL]. [2024-09-10]. http://www.quirks.com/articles/a2000/20001202.

[197] MARSHALL M N. Sampling for qualitative research[J]. Fam. Pract, 1996, 13(6): 522-526.

[198] MORSE J M. Determining sample size[J]. Qualitative health research, 2000, 10(1): 3-5.

[199] PATTON M Q. Qualitative research and evaluation methods[M]. Calif: Sage Publications, 2002.

[200] KORTE B. English travel writing from pilgrimage to postcolonial explorations[M]. Basingstoke: Macmillan, 2000.

[201] HOLLAND P, HUGGAN G. Tourists with typewriters: critical reflections on contemporary travel writing[M]. Ann Arbor: University of Michigan Press, 1998.

[202] Lune H, BERG B L. Qualitative research methods for the social sciences[M]. London: Pearson, 2017.

[203] PAN B, MACLAURIN T, CROTTS J C. Travel blogs and the implications for destination marketing[J]. Journal of travel research, 2007, 46(1): 35-45.

[204] RUBIN H J, RUBIN I. Qualitative interviewing: the art of hearing data[M]. Calif: Sage Publications, 1995.

[205] KVALE S. Doing interviews. Sage qualitative research kit[M]. London: SAGE Publications, 2007.

[206] RAPLEY T. In qualitative research practice [M]. London: SAGE, 2004.

[207] GLASER B G. Theoretical sensitivity: advances in the methodology of grounded theory[M]. Calif: Sociology Press, 1978.

[208]GLASER B G. Basics of grounded theory analysis: emergence vs. forcing[M]. Calif: Sociology Press, 1992.

[209]KENDALL J. Axial coding and the grounded theory controversy[J]. Western journal of nursing research, 1999, 21(6): 743-757.

[210]KELLE U. The development of categories: different approaches in grounded theory: in the sage handbook of grounded theory[M]. London: SAGE Publications, 2007.

[211]GLASER B G. The grounded theory perspective iii: theoretical coding[M]. Calif: Sociology Press, 2005.

[212]HOLTON J A. The coding process and its challenges[M]. London: SAGE Publications, 2007.

[213]EMERSON R M, FRETZ R I, SHAW L L. Writing ethnographic fieldnotes[M]. Chicago: University of Chicago Press, 1995.

[214]SPRADLEY J P. Participant observation[M]. New York: Holt, Rinehart and Winston, 1980.

[215]NATOW R S. The use of triangulation in qualitative studies employing elite interviews[J]. Qualitative research, 2020, 20(2): 160-173.

[216]LINCOLN Y S, GUBA E G. Naturalistic inquiry[M]. Calif: Sage Publications, 1985.

[217]KOCH T. Establishing rigour in qualitative research: the decision trail[J]. Journal of advanced nursing, 1998, 25(3): 218-240.

[218]PHILLIMORE J, GOODSON L. Qualitative research in tourism: ontologies, epistemologies and methodologies[M]. London: Routledge, 2004.

[219]HALL S. In media and cultural studies: keywords[M]. Malden: Blackwell Publishers, 2001.

[220]HARPER D. Lonely planet: China[M]. Vic: Lonely Planet, 2007.

[221]ATELJEVIC I. Searching for nature and imagining New Zealand [J]. Journal of travel & tourism marketing, 2001, 10(1): 115-122.

[222]COHEN E. A phenomenology of tourist experiences[J]. Sociology, 1979, 13(2): 179-201.

[223]ROBINSON T, GAMMON S. A question of primary and secondary motives: revisiting and applying the sport tourism framework[J]. Journal of sport & tourism, 2004, 9(3): 221-233.

[224] HARVEY D. Spaces of hope [M]. Edinburgh: Edinburgh University Press, 2000.

[225]BRAHM L. Searching for Shangri-La: an alternative philosophy travelogue[M]. Beijing: China Tibetan Studies Press, 2006.

[226]BISHOP P. The death of Shangri-La: the utopian imagination and the dialectics of hope[J]. ANZSJA: the uses of subjective experience, 2008: 177-200.

[227]SWARBROOKE J, HORNER S. Consumer behaviour in tourism [M]. Oxford: Butterworth-Heinemann, 2007.

[228] BELK R W, COSTA J A. The mountain man myth: a contemporary consuming fantasy[J]. Journal of consumer research, 1998, 25(3): 218-240.

[229]MASLOW A H. A theory of human motivation[J]. Psychological review, 1943, 50(4): 370-396.

[230] MASLOW A H. Motivation and personality [M]. New York: Harper & Row, 1970.

[231] GLEITMAN H, FRIDLUND A J. Basic psychology [M]. New York: W.W. Norton & Co., 2000.

[232]HEYLIGHEN F. A cognitive-systemic reconstruction of Maslow's theory of self-actualization[J]. Behavioral science, 1992, 37(1): 39-58.

[233] HOOD R W. Differential triggering of mystical experience as a function of self actualization[J]. Review of religious research, 1977, 18(3): 264-270.

[234]PEARCE P L. Tourist behaviour: themes and conceptual schemes. Aspects of tourism[M]. Clevedon: Channel View Publications, 2005.

[235]PEARCE P L, LEE U I. Developing the travel career approach to tourist motivation[J]. Journal of travel research, 2005, 43(4): 226-237.

[236] SALTER C L. Cultural geography as discovery. in re-reading cultural geography[M]. Austin: University of Texas Press, 1994.

[237]NORBERG-SCHULZ C. Genius loci: towards a phenomenology of architecture[M]. New York: Rizzoli, 1980.

[238]PREBENSEN N K, LARSEN S, ABELSEN B. I'm not a typical tourist: german tourists' self-perception, activities, and motivations [J]. Journal of travel research, 2003, 41(4): 416-420.

[239]FODNESS D. Measuring tourist motivation[J]. Annals of Tourism Research, 1994, 21(3): 555-581.

[240] SACK R D. Place, modernity, and the consumer's world: a relational framework for geographical analysis[M]. Baltimore: ohns Hopkins University Press, 1992.

[241]MICHAEL HAYWOOD K. Welcome to paradise: produced by Roy Bonesteel, man alive series, Canadian broadcasting corporation, Toronto, Canada[J]. Annals of tourism research, 1978, 5(3): 355-357.

[242]PAGEL J F, BLAGROVE M, LEVIN R, et al. Definitions of dream: a paradigm for comparing field descriptive specific studies of dream [J]. Dreaming, 2001, 11(4): 195-202.

[243]DENG J, KING B, BAUER T. Evaluating natural attractions for tourism[J]. Annals of tourism research, 2002, 29(2): 422-438.

[244]HUNTSINGER L, FERNÁNDEZ-GIMÉNEZ M. Spiritual pilgrims at Mount Shasta, California [J]. Geographical review, 2000, 90(4): 536-558.

[245]LYNCH J A, GIMBLETT R H. Perceptual values in the cultural landscape: a computer model for assessing and mapping perceived mystery in rural environments[J]. Computers, environment and urban systems, 1992, 16(5): 453-471.

[246]BENDER B. Landscape: politics and perspectives[M]. Berg: Pub Ltd, 1993.

[247]DUNCAN J, DUNCAN N.Reading the landscape[J]. Environment and planning d: society and space, 1988, 6(2): 117-126.

[248]LOPEZ D S. Prisoners of Shangri-La: Tibetan Buddhism and the West[M]. Chicago: University of Chicago Press, 1998.

[249]SAID E W. Orientalism[M]. London: Penguin Books, 1985.

[250]WALLER J, LEA S E G. Seeking the real spain? Authenticity in motivation[J]. Annals of tourism research, 1999, 26(1): 110-129.

[251]BELHASSEN Y, CATON K, STEWART W P. The search for authenticity in the pilgrim experience[J]. Annals of tourism research, 2008, 35(3): 668-689.

[252]YUKSEL A. Managing customer satisfaction and retention: a case of tourist destinations, Turkey[J]. Journal of vacation marketing, 2001, 7(2): 153-168.

[253]WANG N. Rethinking authenticity in tourism experience[J]. Annals of tourism research, 1999, 26(2): 349-370.

[254]SHAW G, WILLIAMS A M. Tourism and tourism spaces[M]. London: Sage Publications, 2004.

[255]LADHARI R, PONS F, BRESSOLLES G, et al. Culture and personal values: how they influence perceived service quality[J]. Journal of business research, 2011, 64(9): 951-957.

[256]CARL D, KINDON S, SMITH K. Tourists' experiences of film locations: New Zealand as 'middle-earth'[J]. Tourism geographies, 2007, 9(1): 49-63.

[257]CONNELL J, MEYER D. Balamory revisited: an evaluation of the screen tourism destination-tourist nexus[J]. Tourism management, 2009, 30(2): 194-207.